아침이 힘든 당신에게

홍파 스님

대한불교관음종 총무원장인 홍파 스님은 〈아침 해우소〉라는 짧지만 깊은 울림이 있는 전화 음성 편지를 전하고 있다. 스님의 음성 편지는 불자들은 물론 자신의 마음자리를 살펴보고 싶은 모든 사람들에게 각자 현재의 그 자리에서 자신의 있는 모습 그대로 진실되게 살아갈 때 아름답고 당당할 수 있다는 믿음을 갖게 한다. 하루를 시작하는 아침에 잔잔하지만 울림이 깊은 이야기를 통해 자기 자신을 등불로 삼으라는 부처님의 지혜로운 길을 일러준다. 동국대 불교학과에 재학 중이던 1960년대 세상을 맑게 하는 대학생불교운동을 앞장서 주도했다. 삼천배 정진을 권유하신 성철 큰스님의 가르침을 받들어 1967년 문경 김룡사에서 삼천배를 회향한 첫 참회제자가 되었다. 한국불교종단협의회 사무총장으로 31년간 봉직하면서 한국불교현대사에 공헌했다. '일제강점기 징용희생자 유골 반환위원회' 한국 대표로서 2019년 현재까지 21년 동안 포기하지 않고 유골 반환의 원을 이루기 위해 끊임없이 노력하고 있다.

1644-8425 언제 어디서나 들을 수 있는 홍파 스님의 음성 편지

홍파 스님이 보내는 짧은 편지
아침이 힘든 당신에게

초판1쇄 인쇄 | 2019년 10월 30일
초판1쇄 발행 | 2019년 11월 6일

지은이 | 홍파

펴낸이 | 남배현
기획 | 모지희
책임편집 | 박석동
펴낸곳 | 모과나무
등록 | 2006년 12월 18일 (제300-2009-166호)
주소 | 서울시 종로구 종로19, A동 1501호
전화 | 02-725-7011
전송 | 02-732-7019
전자우편 | mogwabooks@hanmail.net
디자인 | ㈜끄레 어소시에이츠
ISBN 979-11-87280-40-8 03220
이 도서의 국립중앙도서관 출판예정도서목록(CIP)은
서지정보유통지원시스템 홈페이지(http://seoji.nl.go.kr)와
국가자료종합목록 구축시스템(http://kolis-net.nl.go.kr)에서
이용하실 수 있습니다. (CIP제어번호 : CIP2019043184)
ⓒ홍파, 2019

(주)법보신문사의 출판 브랜드입니다.
지혜의 향기로 마음과 마음을 잇습니다.

홍파 스님이 보내는 짧은 편지

아침이 힘든 당신에게

홍파 스님

모과
나무

작은 마음 열어놓기

옛 조사스님들과 성현들 그리고 부처님은 제자들과 대중들에게 훌륭한 법문을 말로 풀고 글로 전달하였습니다. 저도 성현들과 큰스님들의 뒤를 쫓아 사람들에게 희망과 용기를 줄 수 있다면, 부처님의 가르침을 통해 하루를 희망차게 시작할 수 있다면, '참 좋겠다!'라는 생각을 늘 해왔습니다.

그러나 타인에게 말과 글을 내 생각과 같이 전한다는 일이 쉽지가 않음을 알고 있습니다.

그럼에도 불구하고 말과 글로 '내가 할 수 있는 것이 무엇일까?' 라는 화두를 던진 지 여러 해가 되었습니다. 관음종복지재단에 몇 년째 후원해 주시는 많은 분들이 계십니다. 이렇게 도움을 주시는 분들을 위해 지난 2017년 3월부터 짤막한 이야기를 글로 정리하여 전화 음성으로 들려드리고 있습니다.

이렇게 내 마음도 토닥이고, 당신의 마음도 다독이는 기회를 가졌습니다. 이것이 '아침 해우소'를 시작하게 된 계기입니다.

하루하루는 그저 흘러가는 것 같지만 세월이 지나 되돌아보면 어느덧 이만큼 되었나 싶게 묵직하게 다가옵니다. '아침 해우소'도 매일 일 분이었지만 어느덧 책으로 묶을 만큼의 이야기가 쌓였습니다.

주변에서는 다시 듣고 싶은 사람, 듣고 싶었지만 듣지 못한 분들을 위해 책으로 엮어 내면 좋겠다는 권유가 있었습니다. 그러한 마음들에 용기를 내어 세상에 글을 내놓습니다.

세상 사람들은 의견이 각각 다르고 또 제각각의 생각으로 살아갑니다. 이 글에도 생각과 의견에 다름이 있을 터이고 또 질책도 있을 것입니다. 지적해주시면 더 분발하겠습니다. 또 격려해주시면 용기를 내어 성현들과 부처님의 가르침이 삶 속에 더욱 녹아들 수 있도록 정진하겠습니다.

음성전화 서비스를 아낌없이 지원해주신 ㈜피플링크 황정일 대표와 정다운 님, 선정처사 등 관계자분들의 노고가 많았습니다. 이 공간을 빌어 고마움의 인사를 전합니다. 그리고 청취자 여러분과 영상문도회에 감사드립니다.

거룩한 부처님!
머뭇거림 없이 바로 이곳 도량에
지혜의 울림이 있게 하소서

2019년 10월

낙산 묘각사에서 홍파 합장

차례

바위가 바람에 흔들리지 않는 것처럼

지혜로운 사람은

칭찬과 비난에 흔들리지 않는다.

시작

상쾌한 아침을 맞으셨습니까?
무엇인가 성취하려는 사람은 방법을 찾고
어떤 일을 하지 않으려는 사람은 핑계를 찾습니다.

어떤 일을 성취하기 위해 방법을 찾을 것인가
하기 싫어 구실을 찾을 것인가
모두 당신에게 달려 있습니다.

이제 시작입니다.
지금 이 순간 하고자 하는 일을
어떻게 성취할 것인지
마음속에서 다짐해보세요.
그 순간 변화가 일어날 것입니다.

주인공

남과 비교하며 내 삶을 잃어버렸습니다.
영화를 보며 드라마를 보며
우리는 대부분 주인공을 중심으로 느낍니다.

제3자의 입장에서 주인공을 바라보며
주인공이 위기에 처하거나 활약을 펼치면
가슴을 졸이거나 함께 기뻐하기도 합니다.

오늘 하루 내 삶의 주인공은 나입니다.
주인공이 잘하는지 엉터리인지 바라보기만 하세요.
주인공인 나를 제3자가 되어 꼼꼼히 살펴보세요.

마음 내기

매일 아침을 맞습니다.
그러나 어제의 아침과 오늘의 아침은
분명 차이가 있습니다.

어제 좋은 인연을 만들었다면
오늘은 즐거운 아침일 것입니다.
어제 그렇지 못했다면 오늘은 좀 힘겨울 것입니다.

인생 여정은 매일매일을 연결하는 다리와 같습니다.
그러니 오늘 아침
내가 좋은 인연의 시작이 되겠다고 마음을 내보세요.
내일 아침이 기다려질 것입니다.

작전 타임

내 맘처럼 내 뜻대로 이루어지는 일들이
날마다 생겨났으면 좋겠습니다.
그러나 현실은 그렇지 못합니다.
핀잔을 듣고 때로는 다투기도 합니다.
화가 치솟고 신경질이 날 때도 있습니다.

그럴 땐 자신의 이름을 크게 불러보세요!
내가 나를 두고 이름을 부르는 경우는 거의 없습니다.
새로운 상황에 맞닥뜨려보는 겁니다.

스포츠 경기에서도 팀이 위기에 빠지면
국면 전환을 위해 작전 타임을 요청합니다.
그렇듯 내 이름을 크게 부르면서
스스로 작전 타임을 요청해보세요.
새로운 국면 전환이 일어날 것입니다.

마음의 장난

경허 스님과 제자인 만공 스님의 이야기입니다.
어느 날 두 스님이 탁발을 하고 돌아오는 길이었습니다.
만공 스님이 바랑이 무겁다며 쉬어 가자고 투덜댔습니다.

경허 스님은 내가 가볍게 해주겠노라 하더니
갑자기 길 가던 아낙의 볼에 입맞춤을 하였습니다.
아낙은 펄쩍 뛰었고 동네 사람들은 몽둥이를 들고
두 스님을 쫓았습니다.

두 스님은 죽을힘을 다해 달아났습니다.
산속에 당도하니 해가 저물었습니다.
경허 스님이 물었습니다.

"도망쳐 올 때도 바랑이 그렇게 무겁던가?"
"아이구 정신없이 도망치느라 무거운지 가벼운지도 몰랐습니다."
"그것 봐라! 무겁느니 괴롭느니 하는 건
모두 마음의 장난이니라!"

한순간

기분 좋아 휘파람을 불던 나
짜증이 나서 툴툴대던 나
어떤 것이 진짜 나일까요?

좋은 기분이 계속 지속되지도 않고
짜증 또한 계속 이어지지 않습니다.
순간순간 변합니다.

그 때문에 어느 한순간을 실제 나라고 할 수 없습니다.
그러니 일희일비一喜一悲하지 맙시다.
기쁨도 한순간입니다.
고통도 한 찰나입니다.

지혜

누구에게나 똑같이 주어진 것
맨몸으로 와서 빈손으로 사라지는 일
그러니 무엇인가에 집착하는 행동은 어리석은 짓입니다.

그렇다고 허무주의에 빠져서는 안 됩니다.
집착하지 않고 정진해야 하며
정진하되 지혜로워야 합니다.

너그러운 미소로 세상을 바라보세요.
세상도 너그럽게 당신을 바라볼 것입니다.
세상과 당신은 둘이 아니기 때문입니다.

감사

내가 살아 있기 때문에 아침을 맞이할 수 있습니다.
내가 존재하지 않으면 세상도 존재하지 않습니다.
그래서 나는 소중합니다.

칭찬도 핀잔도 내가 존재하기에 생겨납니다.
존재하는 나에게 감사해야 합니다.
지금 나에게 고맙다고 말해보세요.

나는 내가 감사합니다.
그곳에서 새로운 용기가 생겨납니다.

몰입

과거에 얽매이고
미래를 걱정하고
사람들이 흔히 하는 일입니다.

과거는 어떤가요
지난 것이어서 이미 가고 없습니다.
미래는 어떤가요
아직 오지 않아서 없습니다.
지금 이 순간
오직 이 순간만이 있을 뿐입니다.

이 진리를 안다면
지금 이 순간에 몰입한다면
지나간 날이 보람되고
다가올 날이 희망으로 바뀔 것입니다.
들숨과 날숨 사이에 진정한 당신이 있습니다.

하늘

맑아 푸르든
흐려 찌푸렸든
비가 오든
오늘은 높은 하늘을 바라보겠습니다.

우리는 지난 시간 동안
몇 번이나 마음을 열고
하늘을 바라보았을까요.

바빠서
게을러서
힘들어서

이유야 많겠지만
세상에서 가장 크고 넓은 하늘도 못 본다면
마음속 조그맣게 자리 잡은 나는 어떻게 바라볼까요.

오늘은 높은 하늘을 바라보겠습니다.
마음속 나 자신을 바라보겠습니다.

살펴보기

출근길 전철 안에서
못다 꾸민 얼굴을 거울에 비춰보는 여성을 가끔 봅니다.
분칠을 하고 눈썹을 그립니다.
볼에 바람을 넣었다가 입을 오므리며 얼굴을 씰룩이기도 합니다.
눈을 치켜뜨기도 하고 내리 깔기도 합니다.
재밌는 광경입니다.

예쁜 얼굴 살피듯
구석구석
내 마음도 살펴보아야겠습니다.

용기

불의에 맞서는 것
그것이 용기
누군가 지적하는 자신의 잘못에 대해 인정하고
진실하게 사과하고 받아들이는 것
그것이 용기
마음이 꺼림칙하거나
양심의 가책을 느낄 때
단호히 거절하고 그 일을 행하지 않는 것
그것이 진정한 용기

아! 그렇구나

사람에게는 마음과 느낌이 있습니다.
마음은 내 안에서 일어나는 것이고
느낌은 외부 작용으로 발생하는 감각입니다.

밖에서는 맛있는 냄새가 코를 자극하고
내 안에서는 먹고 싶다는 마음이 일어납니다.
이걸 잘 살펴봅시다.

내 밖에서 나타나는 현상에 따라
내 안의 감정이 표출하는 것을 알 수 있습니다.
마음과 느낌은 한 쌍처럼 자연스럽게 펼쳐집니다.

이러한 느낌과 마음에서 번뇌가 일어납니다.
좋다 하는
나쁘다 하는
한 생각에서 일어납니다.
지금 이 순간 이 한 생각을 접습니다.

아! 그렇구나
있는 그대로 느껴봅니다.

간절한 소원

꿈
소원
누구나 하나쯤은 있는

이루고 싶은 일
되고 싶은 것
누구나 하나쯤은 있는

하지만 뜻대로 이루어지지 않습니다.
왜 그럴까요?
간절하지 않기 때문입니다.

간절하게 꿈꾸고
간절하게 소원하고
간절하게 마음을 내면
최선을 다하게 됩니다.
바로 지금 말입니다.

이심전심

친구와 눈빛이 마주치면
씨익 웃음이 납니다.
엄마의 따스한 눈길에
미소가 피어오릅니다.
그 순간 당신은 부처님입니다.
그 순간 당신은 가섭존자입니다.
이심전심以心傳心입니다.

말하지 않아도 서로 뜻이 통해
미소 지을 수 있는 사람이
당신 곁에 많았으면 좋겠습니다.

부처님 같은 미소가
여러분 입가에 오래 머물기를
기도합니다.

착각

매일이 같다고 하십니다.
정말 그런가요?
늘 같은 날들이 반복되던가요?

살 빼겠다고 마음먹고
매일 같은 시간에 운동을 시작합니다.
하루 이틀 사흘이 지나면
꼭 무슨 일이 생깁니다.
운동을 빼먹을 일이 생깁니다.

시간이 지나면 꾀가 생깁니다.
운동을 또 쉽니다.
매일 운동을 하겠다고 마음먹지만
매일 같은 일상으로 운동하기가 쉽지 않습니다.

매일 같은 날들이라고 여기는 것은
우리가 매일매일 끌려 다니기 때문입니다.
실제로는 같은 일상을 살지도 못하면서 말입니다.

내가 주인으로 사는 삶
오늘부터 시작합니다.

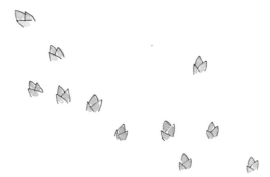

믿음

지구는 1초에 30킬로미터 속도로 태양 주변을 돕니다.
똑딱 하는 순간 광화문에서 성남까지 날아가는 속도입니다.
이렇게 빠른 속도로 움직이는데도
우리는 그 속도를 느끼지 못하고 살아갑니다.
지구에 완전히 의지하고 살고 있기 때문입니다.

세상이 아무리 바빠 움직이고
빠르게 변한다고 해도
자신에게 완전히 의지해보세요.

오늘부터 나를 전폭적으로 믿는 겁니다.
내 앞에 닥치는 모든 일이
별것 아닌 일이 될 테니까요.

진짜 나

세 개의 내가 있습니다.
보고 듣고 냄새 맡고 맛보며 느끼는 나
좋고 싫고 울고 웃는 감정의 나
그리고 옳고 그름을 생각하는 나

매일 같은 느낌인가요?
매일 같은 감정인가요?
매일 같은 생각인가요?
이 가운데 어떤 것이 진짜 나인가요?

어느 한순간도 똑같은 '나'는 없습니다.
그러니 '나'라는 것에 집착할 필요가 없습니다.
다만 할 뿐입니다.

노력의 온도

꿈을 이루기 위해 그렇게나 애썼는데
이제는 지쳐서 포기하고 싶은가요.
그럴 땐 가만히 앉아 생각해보세요.

물이 100도가 되어야 끓듯
당신의 노력도 끓는점에 다다랐을 때
꿈을 이룰 수 있습니다.

쉽게 좌절하지 말고
포기하지 마세요.
세상만물이 당신을 위해 기도하고 있습니다.

있는 그대로

느낌과 감정은 사람마다 서로 다릅니다.
더운 것보다는 추운 게 낫다는 사람이 있고
붉은 꽃보다는 흰 꽃이 좋다는 사람이 있습니다.

산이 더 좋은 사람이 있고
바다가 더 좋은 사람이 있습니다.
개개의 성품을 좋다 나쁘다 옳다 그르다 말할 수 없습니다.
그저 그런 사람들이 있을 뿐입니다.

그냥 있는 그대로 받아들입니다.
자기와 생각이 같으면 옳다 하고
생각이 다르면 그르다 평하지 마세요.

달빛은 좋아하는 사람과 싫어하는 사람
둘 다 비추어줍니다
좋고 싫은 것은 없습니다.
다만 있을 뿐입니다.
우리가 있는 그대로 보지 못할 뿐입니다.

미안해

누구나 실수를 할 수 있습니다.
다른 사람이 내 실수를 알아차리는 경우도 있고
모르고 넘어갈 수도 있습니다.
어느 때는 내 실수를 알게 된 사람이
나를 두고 지적하기도 합니다.
나도 내가 실수한 걸 알고 있는데
누가 지적을 하면 마음이 불편해집니다.
기분이 나쁘고 화가 나기도 합니다.

이럴 땐 그냥 실수를 인정하세요.
미안해!
이 한마디가 모든 상황을 해결합니다.
미안해!
이 한마디로 당신을 용기 있는 사람이라고 할 것입니다.

버리고 나면

누군가에게 멸시를 받거나
정말 하고 싶었던 일을 못해
마음속 깊이 응어리가 생기는 일.
그것을 의식하든 안 하든
이러한 마음 상태를 한恨이라고 부릅니다.
이렇게 생긴 마음속 한이
내 인생에 얼마나 도움이 되었습니까?

내 인생에 걸림돌이 되고
집착으로 남아 다른 일을 그르치거나
또 다른 한을 만드는 경우가 있습니다.

마음속 한을 내려놓으세요.
그만 버리세요.
그래야 당신의 삶이 바뀝니다.

보약

나에게 부처님은 특별합니다.
부처님 가르침으로 내 생각이 바뀌었고
부처님 가르침으로 내 습관이 바뀌었고
부처님 가르침으로 내 인생이 바뀌었습니다.

우리는 건강을 위해
보약도 먹고 비타민도 먹습니다.
삶을 위한 보약과 비타민
부처님의 가르침도 챙겨 드시길 바랍니다.

행복의 자리

소리 없이 찾아왔다 소리 없이 사라지는 것
아주 작아 어디에 있는지 잘 보이지 않는 것
무엇인가 큰 일을 이루어야 가질 수 있을 것만 같은 것
행복이란 게 그렇다고 합니다.
정말 그렇습니까?
그렇다면 행복을 맛보기는 영영 어려울 수도 있습니다.

아침에 일어나면 먼저 가족들에게 인사해보세요.
안녕!
만나는 사람들에게 웃음 띤 얼굴로 인사해보세요.
안녕!
이미 일어난 일이라면 부드럽게 말해보세요.
괜찮아!

무언가 내 안에서 작은 변화가 일어나기 시작할 겁니다.
행복은 곁에 있습니다.

걱정

무엇을 걱정하십니까?
시간이 지나면 모두 사라질 것인 걸요.

지난날의 걱정을 아직도 가지고 있나요?
세상에 사라지지 않는 것은 없습니다.
보세요.
이제 모두 사라졌지요!
그러니 지금의 이런저런 마음도 사라질 겁니다.

희망이 있습니다.
용기가 있습니다.
당신에겐 새로운 기회가 있습니다.
나는 이 우주에서 가장 존귀한 존재니까요.

기준

어떤 일을 하면서 성공이냐 아니냐를 구분하는 기준은
마음이 설레는가 아닌가 하는 것입니다.
성과물의 많고 적음으로 성공 여부를 결정 짓는다는 생각은
이제 버려야 합니다.
오늘 아침 출근길이 설레면 오늘 성공한 시간을 사는 겁니다.
재물로는 우리 마음을 채울 수 없지만
설레는 기분은 우리 마음을 가득 채울 수 있습니다.

오늘 하루 어떤 일이 펼쳐질지 기대해본 적 있습니까?
내가 해야 할 일을 앞에 두고 설레는 감정을 느껴본 적 있습니까?
뭔가 불안하고 긴장하고 있다면
준비가 부족하거나 욕심이 앞서기 때문입니다.
내 마음을 한번 잘 들여다보세요.

욕심인가요?
아니면 준비가 잘 되었나요?
준비는 매 순간 이루어져야 합니다.
숨을 들이쉬고 내쉬는 것과 같이 말이죠.

비켜서기

진척이 없거나 돌파구가 생기지 않는 일에는
시간에 쫓기지 말고 한걸음 비켜서보세요.
잠시 엉뚱한 생각을 하거나
재밌었던 일을 떠올려보는 것도 좋습니다.
생각 하나
상황 하나
그런 것에 매몰되어 있던 자신을 발견할 수 있을 겁니다.
심호흡 한번 하고 나서 먼 산을 보며
웃으며 다시 시작하는 겁니다.

스스로 하기

사랑 이야기는 대체로 가슴을 따뜻하고 훈훈하게 합니다.
그래서 사랑 이야기를 다룬 영화들은
주로 겨울에 상영한다고 하지요.
추운 날일수록 관객들의 마음을 따뜻하게 해서
더욱 감동시킨다는 심리학자의 의견도 들은 바 있습니다.
마음이 시리고 아플 때
가슴 뜨거워지는 책이나 영화를 보고,
울적할 때는 한바탕 웃을 수 있는
만화를 보시라고 권해드립니다.
지금의 상황을 잘 이겨내는 것은
스스로의 몫이기 때문입니다.

다른 견해

아이는 엄하게 키워야 한다.
자애로운 마음으로 대해야 한다.
두 주장이 맞섭니다.
엄하게 키워야 반듯하게 자랄 수 있다는 논리
자애롭게 대해야 꾸밈없이 자랄 수 있다는 논리
두 입장 모두 아이를 잘 키워야 한다는 기본 목적은 같습니다.

그렇다면 잘 자란다는 기준은 무엇일까요?
여기에 사람들은 저마다 다른 견해를 내놓습니다.
이렇듯 세상은 자기주장과 견해가 옳다며 논쟁이 끊이질 않습니다.
다툼을 멈추는 방법은 상대를 이해하고 인정하는 태도입니다.
어디에도 길은 있습니다.
'충분히 그렇게 생각할 수 있겠구나.'
이것은 옳고 그름의 문제가 아닙니다.
방법의 차이일 뿐입니다.
너와 내가 둘이 아닌 이치와 같습니다.

전화하기

친구를 만나 수다를 떨거나 넋두리를 늘어놓으면
기분이 좋아집니다.
마음속 응어리를 다 털어놓고 나면
가슴이 후련해지고 마음도 한결 가벼워집니다.
다 비워냈기 때문입니다.
비움으로써 새로운 것을 담을 공간이 마련됐기 때문입니다.

우리들은 살아가며 채우려고만 하지
비운다는 생각을 하지 못합니다.
또 비우려고 해도 무엇을 어떻게 비워야 할지
모르는 경우가 많습니다.
오늘은 비우는 연습 중에
가장 쉬운 방법을 하나 알려드립니다.

친구에게
남편에게
아내에게
차 한잔하자고 전화하세요.

이치

세차게 몰아치던 비바람도 시간이 지나면 잦아들고
기울었던 달도 다시 차오릅니다.
자연의 이치입니다.

세상에 영원한 것은 없듯이
여러분의 걱정도 언젠가 사라집니다.
그러니 앞서 걱정하지 말고
미리 불안해하지 마세요.
스스로 격려하고 말해보세요.
괜찮아!

부처님께서도 오직 이 순간에만 몰두하라고 이르십니다.
그것이 '괜찮아'의 다른 표현입니다.
여러분! 괜찮습니다.
모두 사라질 테니까요.

없는 것

이른 아침 일터로 가기 위해 준비를 하고 집을 나섭니다.
마음이 왠지 불안하고 가슴이 답답하지는 않나요?
그럴 땐 불안을 찾아 꺼내보세요.
답답한 마음을 찾아보세요.

보이나요?
찾아지나요?
우리들은 없는 것을 있는 것처럼 여기며 초조하게 살아갑니다.
없는 불안을 마치 있는 것으로 착각하며 안달을 합니다.
지금 이 마음에는
초조함과 불안함은 없는 겁니다.

내 삶과 발걸음은 당연히 가벼워집니다.
달마대사와 혜가 스님의 선문답이었습니다.
오늘도 복된 하루가 시작됩니다.

믿음

내가 이 일을 잘할 수 있을까?
내가 이 일을 잘하고 있는 건가?
어떤 일을 해나가면서 이런 생각을 할 때가 있나요?

네, 그렇습니다!
당신은 지금 그 일을 충분히 잘하고 있습니다.
또 앞으로도 아주 잘해낼 겁니다.
이 세상에 나만큼 나를 잘 아는 사람은 어디에도 없습니다.
그러니 당신은 아주 잘하고 있는 겁니다.

자신을 믿으세요.
그리고 확신을 가지세요.
스스로를 믿지 못한다면 누가 당신을 믿을 수 있겠습니까.
오늘도 당신을 응원합니다.

격려

집으로 가는 길
'오늘 하루도 잘 이겨냈구나'
스스로를 격려해야 합니다.

이 세상에는 변하지 않는 것이 없기 때문입니다.
영원할 것 같았던 부귀도 한순간에 사라지고
견디기 힘들 것 같았던 고통도
어느새 차츰 사라지기 마련입니다.

이 세상은 계속 변하고 있는데
고정시키려고 온 힘을 다하니 지칠 수밖에 없습니다.
힘겨운 것이 당연합니다.
내가 하는 일을 당연하게 받아들이세요.
그러면 힘든지도 모르게 이겨내게 됩니다.

'수고했어!'
'잘했어!'
자신에게 마음속으로 격려를 보내세요.

미소

일터로 향하는 중인가요?
가만히 눈을 감고 내 마음을 들여다봅시다.
세상의 온갖 좋은 말과 알고 있는 지식 중에
내가 실제로 행하는 것이
몇 가지나 될까 헤아려봅시다.

타인에게 늘 부드러운 말씨로 이야기하라는
아주 쉬운 가르침조차도
잘 실천하지 못하고 있는
지금 나의 모습이 보이나요?

내가 부드러운 말을 했다고
상대방도 당연히 그래주길 바란다면
그건 가시 돋친 부드러움이 될 것입니다.

판단하지 말고 계산하지 말고
오늘 하루만이라도 그냥 웃으며
밝은 마음으로 이야기해보세요.
상대방의 행동에 일일이 대꾸하는 대신
그저 부드러운 미소로 말하세요.

복된 삶

당신이 생각하는 복된 삶은 어떤 모습인가요?
부자로 사는 건가요?
건강하게 사는 건가요?
바라는 대로 이루어지는 삶인가요?
내가 나답게 살 때 복된 삶이 될 것입니다.

부처님과 예수님은 바라는 마음 없이 살았습니다.
그래서 비굴하지 않고 당당하게 살았습니다.
아무리 돈이 좋다 해도 비굴하게 얻은 부는
마음 한구석에 불안을 키웁니다.
내 마음 깊은 곳 내면의 소리에 귀 기울여
그 소리에 따라 사는 것이
바로 복된 삶의 출발점입니다.

나의 길

무소의 뿔처럼 홀로 가라는 말이 있습니다.
독단적으로 생각해서 누구와도 타협하지 않고
혼자만의 길을 가라는 뜻이 아닙니다.

누군가에게 실망해 체념하고 싶고
직장에서 겪는 마음 상하는 일에
금방이라도 그만두고 집어치우고 싶지만
묵묵히 참아내고 나의 길을 가라는 의미입니다.

잘못된 것을 개선하도록 솔선수범해야 합니다.
상대방의 행동을 보고 실망했다면
나라도 그런 행동을 하지 말아야 합니다.
상대의 힘이 세다고 아무도 말하지 못할 때
당당하고 용기 있게 지적해야 합니다.
나부터 확신에 찬 그런 행동이
무소의 뿔처럼 홀로 간다는 뜻입니다.

자존심

사이좋게 지내다가도 불쑥 다투는 경우가 있습니다.
이해관계가 달라 다투는 경우라면
이 다툼은 쉽게 해결될 수 있습니다.
서로의 이익을 조금 양보하면 되니까요.
그러나 자존심을 건드리는 다툼은 쉽지 않습니다.
자신을 지탱하는 기초를 무너뜨린다고 생각하기 때문입니다.
이러한 감정은 무의식을 지배하고 있어서
누가 나의 자존심을 건드리는 순간
명치끝에서 불덩어리가 솟아 순식간에 싸움으로 번집니다.
극단으로 치닫게 됩니다.
부처님께서는 아상을 내려놓으라 하십니다.

여기서 순간적 찰나가 발현되어야 합니다.
나의 자존심이라는 것이 진정 완전한지
그 찰나에 생각해야 합니다.

완전무결한 것은 이 세상 어디에도 없습니다.
그러니 우선은 올라오는 화를 바라봐야 합니다.
상대방의 지적을 통해
먼저 나의 문제인지 살피는 자세가 필요합니다.
나에게 문제가 없다면 상대방에게 넌지시 알려주세요.
그땐 당신이 좀 심했다고요.

상대방은 진심으로 사과할 것입니다.
서로는 더욱 가까워지게 될 것입니다.

여래의 진실

더없이 미묘한 법은
아무리 많은 시간이 흘러도 만나기 어려운데
보고 듣고 지닐 수 있으니
원컨대 여래의 진실을 알고자 합니다.

이것은 개경게開經偈의 내용입니다.
경전을 독송할 때 외우는 게송입니다.
여기서 더욱 깊게 생각해봅니다.

진실한 가르침을 받으면서
내가 보고 싶은 대로
내가 듣고 싶은 대로
해석하고 있는 것은 아닌지 말입니다.

사람들은 진실이나 실제 현상이 무엇인지
자세히 알려고 하기보다
자기가 보고 싶은 대로
믿고 싶은 대로 이해를 합니다.
그러니 갈등이 생기고
또 사실이 왜곡됩니다.

있는 그대로 받아들여야 합니다.
잘못을 저질렀다면 잘못을 저지른 것입니다.
다른 이유를 찾아서 핑계를 달면 안 되는 겁니다.
이것이 더 큰 화를 막는 첫걸음입니다.

할 수 있는 만큼

일터로 향하며 무슨 생각을 하시나요?
어제 못 다한 일을 잘 마무리 해야지
새로운 일을 시작하는데 잘해내야지
그런 마음이 드셨나요?

잘하려는 마음은 중요합니다.
덧붙여 내가 할 수 있는 만큼만 해나간다는
마음 역시 가지고 있어야 합니다.

잘하려고만 하면 무리를 하게 됩니다.
그러면 금방 지칠 수 있기 때문에
중간에 일을 그만두기 쉽습니다.
조금 쉬자 해놓고 영영 포기할 수도 있습니다.
그러면 내 자신에게 실망을 합니다.

의욕을 앞세우기보다 내가 할 수 있는 만큼
한 발 한 발 해나가면 좋겠습니다.
스스로 믿음직스럽게 느껴지는 경험을 하게 될 것입니다.

알아보기

아는 만큼 보인다는 말이 있습니다.
모래를 모래로만 보는 사람에게
모래는 단지 뿔뿔이 흩어지는 흙일뿐입니다.
그저 값싼 건축 자재 정도입니다.
그러나 모래의 본질을 꿰뚫은 사람에게는
반도체의 원료로 귀하게 쓰입니다.

당신은 스스로에 대해 얼마만큼 알고 있나요?
스스로를 아는 만큼 자기 자신을 귀하게 쓸 수 있습니다.
하루하루 조금씩 조금씩
나의 귀함을 발견해야 합니다.
나의 귀함을 발견하는 지름길은
스스로 바라볼 수 있는 시간을 갖는 것입니다.
진정한 나를 골똘히 바라보는 시간을 한번 가져보세요.

중도

이 세상에는 늘 양면이 공존합니다.
이것이 있으면 저것이 있습니다.
양지가 있으면 음지가 있고
좋은 것이 있으면 나쁜 것이 있습니다.
물질만을 좇는 사람에게는
정신적 허전함이 반드시 따릅니다.

이 세상은 음양의 균형을 유지하기 위한 다툼입니다.
이러한 다툼에는 상처가 따릅니다.
다툼이 극단으로 치달을 때 상처는 클 수밖에 없습니다.

상처를 안 내려면 중도의 길을 가야 합니다.
가진 자는 베풀어야 하고
받은 자는 진심으로 감사해야 합니다.
양쪽 면 음과 양은 둘이면서 둘이 아니기 때문입니다.

당당하기

사람들의 삶을 살펴보면 대개
내가 보고 싶은 것만을 보려 하고
내가 듣고 싶은 것만 들으려 합니다.

성공한 사람과 실패한 사람의 차이는
쓴소리를 귀담아 듣느냐 아니냐 하는 점입니다.
충신과 간신의 차이는
당당한가 눈치를 보는가 하는 점입니다.

쓴소리도 기꺼이 받아들이고
당당하게 하루를 살아가자고
이 아침 용기를 내봅니다.
용기는 참나로부터 나오는 외침입니다.

세상을 바꾸자

세상을 바꾸려 하기 전에
내가 먼저 바뀌어보세요.
내가 바뀌지 않는데
세상을 바꿀 수 있겠습니까?
세상을 바꾸는 첫걸음은
나의 생각이 바뀌고
나의 행동이 바뀌는 것입니다.

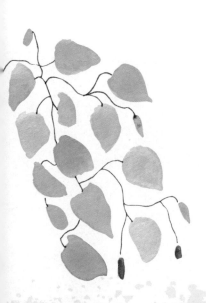

선택

매 순간 선택하며 삽니다.
어떤 옷을 입을지
어느 길을 가야 할지
그 선택의 결과는 순전히 나의 몫입니다.
그 선택이 성공을 가져올 수도
실패에 고통을 겪을 수도 있습니다.

그 결과를 겸허히 받아들여야 합니다.
실패했을 경우 어쩌면 누군가의 탓으로
돌리고 싶을 때도 있습니다.
그렇게 한다면 그것은 또 다른 실패의 원인이 됩니다.
왜냐하면 실패의 원인을 다른 곳에서 찾기 때문입니다.

내 탓이라 여기세요!
덜 속상하고 회복 속도도 빨라집니다.
어떠한 선택의 결과에도 내 탓이라고 여긴다면
당신의 성공은 오히려 앞당겨질 것입니다.
당신을 응원합니다.

내게 맞는 옷

오늘만큼은 내 마음의 소리에 귀 기울여보세요.
마음속 깊은 곳에 내가 뭘 원하는지
그리고 나를 가슴 뛰게 했던 것은 무엇인지
생각해보세요.

쉽게 떠오르지 않을 수도 있습니다.
세상의 틀에 나를 맞추며 살아왔고
억지로 맞추려고 하니 늘 답답하고
맞지 않는 옷을 입고 있는 것과 같았습니다.

음악을 좋아했지만 생계에 매달릴 수밖에 없었고
체면을 차리자니 무엇 하나 편하게 할 수 없었습니다.
이제 그만하면 됐습니다.
이제라도 내게 맞는 옷을 입어야 합니다.
맞지 않는 화려한 옷보다는
허름하더라도 몸에 맞는 옷을 입어야 합니다.

그것이 하심下心입니다.
그것이 비움입니다.
그래서 비움은 새로운 시작입니다.

가을 가지

매일 보던 풍경도 다르게 보일 때가 있습니다.
지난 가을 잘라낸 가지가 그렇습니다.
언제나 보던 나무인데 문득 눈에 들어왔습니다.

제멋대로 뻗은 가지가 단정치 않아
지난 가을 정리를 했던 자리 옆에
새로운 가지가 솟아나
어느새 잎이 무성해졌습니다.
살아가기 위해 겨울과 봄, 여름을 지나면서
그저 묵묵히 비바람을 견디며
그곳에 서 있습니다.

살아가면서 아픔 없는 사람이 어디 있겠습니까.
고통 한 가지 없는 사람이 어디 있겠습니까.
만물의 으뜸이 사람이라지만
힘겨울 때는 나무의 몸부림을 되새겨야 하겠습니다.

차이

들에 핀 꽃을 바라봅니다.
잔잔한 형태는 비슷하지만
자세히 살펴보면 조금씩 차이가 보입니다.
동양인과 서양인이라면 모습이 확실히 다르지만
같은 민족인 한국 사람의 얼굴도 가만 보면 제각각입니다.
하물며 생각과 마음은 어떻겠습니까!

불구부정

불교의 공空 사상을 담고 있는 가장 짧은 경전
《반야심경般若心經》
그 가운데 '불구부정不垢不淨'이라는 말이 있습니다.

저도 화가 날 때가 있습니다.
누군가 나를 속일 때
누군가 나를 비난하며 모멸감을 줄 때
저는 그럴 때 이 '불구부정' 경구를 떠올립니다.

불구부정이란 더러운 것도 깨끗한 것도 없다는 뜻입니다.
불구부정 불구부정 불구부정…
되뇌는 가운데 가슴속 치솟던 분노라는 감정이
서서히 사라집니다.
더럽다 할 것도 없고 깨끗하다 할 것도 없는데
상대의 언행이 무엇이든 내가 화날 이유가 없는 겁니다.

가장 좋은 것은 화나는 일이 안 생기는 것입니다만
혹 이미 화가 났다면 어떻게 하는지 아시겠죠?
불구부정!

스스로 족하다

사람마다 타고난 성품이 있습니다.
태어날 때부터 어떤 틀에 찍혀 나오는 형상 같은 것이지요.
그래서 어떤 사람은 운명이 정해져 있다고도 하고
누구는 정해진 운명이 어디 있냐고 반박을 하기도 합니다.
여러분은 어느 쪽에 손을 들어주겠습니까?

둘 다 맞습니다.
정해진 현실을 바꿀 수 없다는 사람은 운명론자이고
현실을 이겨내고 도전하는 사람은 개척론자입니다.
자신의 타고난 성품을 헤아려보세요.
그리고 성품에 맞게 행하세요.

다른 사람과 비교하지 않고
자신의 성품을 다른 이에게 강요하지 않는 것이
행복의 길을 여는 비책입니다.
오유지족吾唯知足
스스로 족함을 아는 삶을 살아보세요.

세상에서 가장 향기로운 진언은

고맙습니다!

사랑합니다!

행복하세요!

또 다른 세상

어느 여행 중에 원시 동굴 탐험을 가게 됐습니다.
평소 보지 못했던 기괴한 바위와
생물도감에서도 본 적 없던
습생식물이며 벌레들도 보았습니다.
세상을 다 아는 것 같았고
또 다 알고 있다고 착각했던 생각이
한순간에 무너집니다.

그러면서 또 한 번 깨닫습니다.
눈앞에 펼쳐지는 세상 말고도
눈에 안 보이는 세상이 이렇게 넓구나!
자기 성품과 인연에 따라 저렇게 일구어가는
또 다른 세상이 곳곳에 있구나!

우주의 신비 삼라만상 속의 나는 누구인가요?
당신은 누구입니까?
오늘의 화두입니다.

내가 먼저

돈 많이 벌고 싶으시죠?
그럼 돈 버는 방법을 알려드리겠습니다.
제행무상諸行無常
세상 만물에 정해진 것이 없다.
이것이다 딱 잘라 정할 수 있는 것도 없다.
세상은 끊임없이 바뀌고 변한다는 진리를
부처님께서 알려주셨습니다.

그러니 우리들은 그 변화에 잘 적응해야 하고
더 나아가 변화를 주도해야 합니다.
내가 먼저 변해보세요.
늘 하던 대로 고정관념에 묶여
남들 눈치에 얽매여 생활한다면
힘도 더 들고 돈도 벌 수 없습니다.
내가 먼저 변해보세요.
넉넉한 삶이 당신을 맞을 겁니다.

완전한 평온

물결 따라 빛나는 잔잔한 바다를 바라보면
마음이 평온해지고 평화를 느낍니다.
그런데 아무리 잔잔한 물결이라도
그 사이사이로 쉴 새 없이 또 다른 물결이 일렁입니다.
가만히 있는 물결이란 건 존재하지 않습니다.

우리 삶도 그렇습니다.
완전한 평온은 없는 겁니다.
늘 이러저러한 일들이 생기고
그 가운데 웃기도 하고 울기도 합니다.
어느 날은 태풍이 휘몰아 닥칩니다.

태풍이 왔다고 시련으로만 여기지는 마세요.
내 삶을 더욱 굳건하게 만드는
촉매제로 삼아야 합니다.

오늘은 또 이 일을 어떻게 해내야 하나
염려하지 마십시오.
이 일을 해내면 또 한 단계 성숙해지겠구나
그런 마음을 가져보세요.

생각의 틀

오래전 일입니다.
어린 아이가 교통사고를 당했다고 하여
문병을 간 일이 있습니다.
아이는 발바닥에서부터 가슴까지
석고 붕대를 두르고 있었습니다.
16주라는 시간 동안 이렇게 하고 있어야 한다고 했습니다.
딱딱한 붕대를 두르고 있는 시간도 고통스러웠지만
문제는 그 붕대를 푼 이후에 생겼습니다.

석 달 이상 딱딱한 갑옷을 입고 있던 것과 마찬가지라
붕대를 풀었지만 아이는 무릎을 구부리지 못했습니다.
허리도 제대로 구부리지 못했습니다.
원래대로 근육을 움직이려면
앞으로 더 많은 시간이 필요했습니다.

몸을 석 달만 고정시켜도 다시 움직이기가 어려운데
하물며 생각을 고정된 틀에 가둔다면 어떻게 되겠습니까!
10년 20년 30년 아니 그 이상의 오랜 시간 동안
잘못된 습관과 잘못된 사고방식에 갇혀 있었다면?
아찔한 일입니다.

어떻게 나는

과학은 우리 삶을 풍요롭고 윤택하게 만들었습니다.
그리고 아마도 앞으로도 우리 생활을 편리하게 해줄 것입니다.
과학의 발전은 질문에서 시작합니다.
왜?
왜 그럴까?
왜 이런 현상이 발생하지?
끊임없이 질문을 던지고 이 질문을 풀어내면서
과학은 성장해왔습니다.

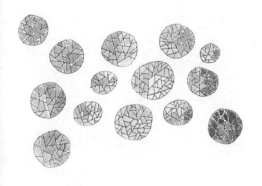

그러나 우리 인생과 삶에는
왜 그러냐고 질문을 던지면 안 됩니다.
내 삶은 왜 이럴까?
왜 내가 이 일을 하고 있지?
왜 나는 맨날 이래?
이렇게 스스로 질문을 던질수록
수렁 깊이 빠져드는 기분을 느낍니다.

삶의 문제를 풀고 내가 발전하기 위해서는
다른 질문을 던져야 합니다.
어떻게?
어떻게 이 어려움을 풀어갈까?
어떡하면 이 일을 잘할 수 있을까?
어떻게 하면 내가 도움이 될까?

어떻게 할까, 이 질문을 던져보세요.
반드시 해결책이 생깁니다.
당신의 삶이 더욱 알차고 값지게 펼쳐질 겁니다.

내 것

오늘 아침 기분은 어떠신가요?
몸 상태는 어떠신가요?
어제보다 좀 나아지셨나요?
아니면 어제만 못한가요?
매일매일 차이가 있을 겁니다.

그럼 어제의 나는 누구이고
오늘의 나는 누구란 말입니까?

나를 무어라 단정할 수 없으니
내가 소유하고 있는 것들
내가 가진 생각들도
당연히 내 것으로 고정시킬 수 없습니다.
그럼에도 내 것으로 만들려 욕심을 냅니다.
스스로 힘들게 살고 있는 건 아닌가요?

시련

상쾌한 바람이 붑니다.
코가 뻥 뚫리는 것 같고 살갗에 닿는 느낌이 신선합니다.
이런 날씨를 두고 우리는 '좋은 날'이라고 부릅니다.

사람들은 이런 날씨를 매일매일 만나기를 바랍니다.
그런데 매일 같이 이런 날이 계속된다면
지구상의 모든 생물들은 소멸됩니다.

우리가 살아가기 위해서는
비바람도 쳐야 하고 폭풍을 만나기도 해야 합니다.
그래야 물도 공급되고 센 바람에 실려
산과 들의 씨앗들이 멀리 퍼지기도 합니다.
우리 앞에 닥친 시련이 곧 우리를 더욱 굳건하고
건강하게 만드는 계기가 될 것이라 여겨야 합니다.
그래서 시련은 두렵지 않습니다.

평정심

그칠 것 같지 않던 비바람도
모든 걸 불태울 듯이 내리쬐던 햇빛도
시간이 지나면 언제 그랬냐는 듯 변하기 마련입니다.
우리의 근심과 걱정도 그렇습니다.
기쁨도 즐거움도 그렇습니다.
성취했다는 기쁨에 교만해지고 우쭐댄다면
힘든 시기를 떠올려야 합니다.

과유불급過猶不及이라는 말도 있지 않습니까.
넘치는 것은 모자라는 것과 같다는 뜻입니다.
부처님께서는 늘 중도의 삶을 권하셨습니다.
우리들은 슬픔에서 빨리 벗어나야 하지만
마찬가지로 기쁜 상태에서도 얼른 제자리로
돌아가야 한다는 마음을 내야 합니다.
그것이 중도이고 평정심입니다.

얼굴 붉히지 않는 비법

사람은 감정의 동물이라고 합니다.
기분이 상할 때는 누가 무슨 소리를 해도
퉁퉁대며 화를 냅니다.
기분이 좋을 때는 누가 뭐라 해도
씨익 웃고 넘어가는 경우가 많습니다.
감정 표현이 인생을 좌지우지 할 수도 있습니다.
그래서 살아가며 감정 조절을 잘해야 합니다.

감정을 어떻게 조절해야 할까요?
기분이 좋을 때도 지나치게 흥분하지 않고
기분이 나쁠 때도 얼굴 붉히지 않는 방법 말입니다.
우선은 그냥 미소를 보이는 겁니다.
웃는 얼굴에 침 못 뱉는다는 옛말도 있듯이
그냥 웃어봅니다.
그럼 기분 나쁜 감정은
저절로 가라앉게 되어 있습니다.
이 순간을 잘 극복해야 합니다.

물과 칼

칼로 물을 베어낼 수 없듯이
세상일을 두부처럼 잘라 구분 짓기는 어렵습니다.
사람의 마음이란 인정에 이끌려 안타까워 하다가도
돈을 지불해야 하는 현장에서는
인정과는 또 다른 결정을 하기도 합니다.

인정과 현실이 다른 건
몸과 마음이 일치하지 않는 것과 같습니다.
현실과 이상 사이에 우리들은 늘 선택을 해야 합니다.
어떤 선택을 하고 나면 후회하는 일이 종종 생깁니다.
마음이 괴롭다 못해 절망에 이르기도 합니다.

후회하지 않는 선택을 하는 방법이 있나요?

마음속 깊은 나를 묵묵히 바라보는 것입니다.

마음에서 진정으로 바라는 바가 무엇인지 잘 관찰해보세요.

그리고 마음이 바라는 대로 선택하세요.

비록 선택의 결과가 나쁘더라도

못 견딜 정도로 후회되지는 않습니다.

네모 반듯하게 잘린 두부가 아니라도

두부는 여전히 두부이고 그 역할을 충분히 할 수 있습니다.

본질을 안다는 것은

물을 칼로 자르려 하지 않는 것과 같습니다.

무아지경

벌써 이렇게 시간이 지났나?
이런 느낌이 드는 것은 그 일에 푹 빠져있었기 때문입니다.
나의 존재를 완전히 잃어버렸던 상태라고도 할 수 있지요.
이런 상태를 몰입이라고 합니다.
무아지경이 이런 겁니다.

몰입의 상태
무아의 상태를 경험하고 난 이후
뿌듯한 느낌이 들었다면
당신은 훌륭한 결과를 얻을 수 있습니다.
그러나 뭔가 개운치 않다면 그건 쓸데없는 일에
기운을 뺏긴 것이나 마찬가지입니다.
마치 게임에 푹 빠져 시간 가는 줄 모르고 있던 상태와 같습니다.
지금 당신은 어떤 몰입을 하고 있습니까?

기도

우리들에겐 이루고 싶은 꿈이 많습니다.
부자가 되고 싶습니다.
박사가 되고 싶습니다.
전문경영인이 되고 싶습니다.
운동선수가 되고 싶습니다.
이루 말로 다 할 수 없을 정도로 되고 싶은 것이 많습니다.
여러분의 꿈이 모두 이루어지길 늘 기도합니다.

그런데 당신은 그 꿈을 이루기 위해
얼마나 노력하고 또 애쓰고 있나요?
피곤해서 다음으로 미루고
귀찮아서 게으름 피우고
친구가 급히 부르니 만나야 하고
이렇게 습관처럼 지내지는 않나요?
이렇게 지낸다면 당신의 꿈은 실현될 수 없습니다.

스스로를 위해 이 순간 오직 간절한 생각으로
기도하는 마음이 순일할 때
하고자 하는 것을 성취할 수 있습니다.

도 道

내 뜻대로 살고 싶지 않은 사람이 어디 있겠습니까.
그런데 삶이라는 게 어디 내 뜻대로 되던가요?
내 뜻대로 되지 않은 세상을 살아가려니 고통스럽습니다.
계속 일어나는 욕망, 그것이 고통의 원인입니다.
그 욕망은 한 생각에서 비롯됩니다.

옛 조사들은 한 생각을 버리라고 말씀하셨습니다.
왜 한 생각을 버리라 하셨을까요?
한 생각이 일어나면 번뇌가 뒤따릅니다.
그 번뇌는 결국 욕심으로 이어지기 때문입니다.
그러나 한 생각을 버린다는 것이 결코 쉽지 않습니다.

오늘 하루만이라도 그 한 생각을 버리고 살아가면 어떨까요.
원인이 사라졌으니 고통도 멸할 테니까요.
그러면 하루 동안 도를 얻게 되는 겁니다.

그런 마음

좌와 우
위와 아래
나와 너
진보와 보수
절대와 상대
부와 빈곤
땅과 하늘
우리가 살아가는 세상은 대부분 대척점이 있습니다.
내가 의도하든 안 하든
어딘가에 치우친 삶을 살고 있지는 않은지요?
그러니 번뇌와 갈등은 필연인지도 모릅니다.

그러면 우리는 어떻게 마음을 내야 할까요?
우리는 하늘과 땅 사이에 존재하며 살아갑니다.
어느 쪽에도 치우치지 않는 삶
중도를 잊지 마시기 바랍니다.
그런 마음을 내면 편안해집니다.

거꾸로

행복하고 싶어 합니다.
부자가 되고 싶어 합니다.
모두들 행복을 찾고 부를 얻기 위해
분주히 움직입니다.
그러면서 힘들어 죽겠다고 합니다.

거꾸로 생각해봅시다.
행복의 반대말은 불행입니다.
부자의 반대말은 가난뱅이입니다.
그렇다면 반대의 개념을 없애버리면 어떻게 될까요?

우리는 행복을 찾기보다
불행한 일이 생기지 않도록 해야 합니다.
부를 좇기보다는
가진 것을 좀더 아껴
가난이 오지 않도록 해야 합니다.
불행한 일이 생기지 않았으니 행복한 것이고
있는 것을 잘 아껴 가난하지 않으니 부자입니다.
행복과 부가 멀리 있지 않습니다.

거꾸로 생각하면
답이 나옵니다.

보살

사람들은 자기가 이야기를 할 때
상대방이 다 알아들을 거라고 생각합니다.
강의를 할 때도 그렇습니다.
어떤 말의 뜻을 이해하지 못하는 사람에게는
그것이 상식 수준의 이야기라고 해도
어렵고 답답하게 느껴집니다.

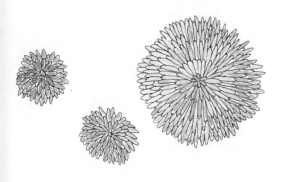

절에서는 보살이라는 말을 많이 씁니다.
모두들 알고 계시겠지만
혹시 모르는 분들을 위해 간략하게 말씀드립니다.
보살은 지혜를 구하는 사람입니다.
그러니 절을 찾아 기도하고
법문을 청해 듣는 모든 분들이 보살입니다.
절을 찾지 않더라도
평소에 부처님의 이름을 염송하는 것 역시
지혜를 구하기 위함입니다.
그러니 여러분은 보살이 맞습니다.
지혜를 구하고 자비를 실천하는
보살이 맞습니다.

반복

매일매일 그날이 그날이라고 지겨워하며
새로운 것을 갈망하고
새로운 일에 도전하는 자신과
성취감에 기뻐하는 모습을 그려보기도 하지만
그것도 시간이 흐르면 다시 반복되는 일상이 됩니다.
그러면 다시 생각합니다.

뭐 뾰족한 수 없나?
네, 뾰족한 수는 없습니다.
지는 해도 아침이면 다시 뜨고
지나간 봄도 다시 오는
반복의 연속입니다.

지루해하지 마세요.

짜증 내지 마세요.

어김없이 찾아오는 반복되는 일상

자연의 흐름이야말로

우리에게 돌아오는 엄청난 축복입니다.

일상에 감탄해보세요.

그 속에서 성취를 일구는 멋진 자신을 그려보세요.

어느새 여러분의 삶을 성공으로 이끌 것입니다.

성찰

다른 사람들이 나를
좋아해주기를 바랍니다.
사랑해주기를 바랍니다.
인정해주기를 바랍니다.

뒤집어 생각해볼 시간입니다.

나는 스스로 타인이 좋아할 만한 일을 했는지?
사랑받을 만큼 예쁜 행동을 했는지?
인정받을 만큼 성과를 냈는지?
나를 되돌아보아야 합니다.

부처님의 다른 이름은 응공應供입니다.
마땅히 공양을 받을만한 분이라는 뜻입니다.
당신은 어떤 이름으로 불리고 싶습니까?
나를 돌아보는 성찰의 시간이 필요합니다.

마음의 얼굴

내 얼굴을 바라보는 시간보다
타인의 모습을 살피는 시간이 훨씬 깁니다.
내 마음을 바라보는 시간보다
내 얼굴을 꾸미는 시간이 훨씬 깁니다.
대부분 그럴 것입니다.

외모를 성형하는 경우는 많아도
마음을 뜯어 고치려는 시도는 게을리 합니다.
마음은 나의 또 다른 얼굴입니다.
몸과 얼굴을 다듬는 일만큼
내 마음을 바라보고 다듬는 일에 소홀함이 없어야겠습니다.

무슨 일이 생기면 마음의 상처를 많이 받습니다.
상처 받는 내 마음을 치유할 수 있는 건
어쩌면 상대방의 위로보다
내 스스로 다잡는 굳건한 마음일 겁니다.
자기 스스로 빨리 알아차릴수록 건강하게 회복될 수 있습니다.

보시바라밀

슬픈 일을 마주하면 나도 모르게 눈물이 납니다.
어려운 사람을 보면 이내 마음이 측은해집니다.
대부분의 사람들에게는 이런 마음이 있습니다.

괜찮아! 곧 나아질 거야!
따뜻한 위로의 한마디를 마음으로 전하기도 합니다.

상대방의 마음을 헤아려
거친 말을 건네는 대신 온화한 미소로 배려하는 마음
평소에 우리는 이런 마음을 냅니다.
그렇지요?

어떤 아이가 모래밭에서 장난으로
부처님의 형상을 그린다 할지라도
그 공덕은 말할 수 없이 크다 하셨는데
그 공덕을 감히 측량할 수 있겠습니까.

그것이 바로 보시입니다.
이제부터 적극적이고 구체적으로
그런 마음을 표현하세요.
누군가의 얼어붙은 마음도 녹아내릴 수 있게 말입니다.

다만 할 뿐

당신을 위해 기도합니다.
원하는 것을 성취하게 해달라는 기도가 아니라
성취하지 못했을 때 실망하지 않을 힘을 달라 기도합니다.
꿋꿋하게 다시 시작할 수 있는 용기를 달라고 기도합니다.

세상을 살아가며 성취되는 일보다
성취하지 못하는 일들이 더 많다는 걸 알 수 있습니다.
야구에서는 3할대 타자를 훌륭한 선수라고 합니다.
10개 중 7개를 쳐내지 못했는데도 말입니다.
우리는 실망하지 말아야 합니다.
우리는 좌절하지 말아야 합니다.
다만 할 뿐입니다.

내 그릇

어제는 비가 내렸습니다.
처마 밑 항아리 뚜껑에 물이 고였습니다.
지난밤 내린 비는 저 뚜껑들을 다 채우고도 남았는데
그 많던 빗물은 어디로 갔을까요?

아무리 많은 비가 내린다 해도
작은 뚜껑에는 적은 물이
큰 뚜껑에는 또 그만큼의 물이 고입니다.
자기의 모양대로
자신의 크기대로
받아낼 수밖에 없습니다.

오늘도 사람들은 돈을 벌기 위해 분주하게 다닙니다.
자신이 받을 그릇은 생각하지도 않고
넘쳐흐르는 빗물을 퍼 담아 채우려고
헛일을 하고 있지는 않은지 생각해봅니다.

그놈의 감정

힘들면 누군가에게 기대고 싶습니다.
기댈 곳이 없으면 외롭습니다.
외로우면 울고 싶습니다.
다 큰 어른이 울기에는 이목이 있고 체면이 있으니
그저 꾹꾹 참습니다.
눈물을 막고 생각을 막습니다.

하지만 울고 싶을 땐 울어야 합니다.
외로운 땐 기대야 합니다.
이 '나'라는 놈은 하루에도 몇 번씩
오르락내리락 감정의 파도를 탑니다.
내가 시킨 것도 아닌데
도대체 이렇게 멋대로 움직이는
당신은 누구입니까?

감정이 북받칠 때 분노가 치솟을 때 두려움이 생길 때
마음속으로 크게 외쳐 보세요.

넌 누구냐?

외치는 순간 당신은 부처가 됩니다.
그놈의 두려움과 분노, 그리고 근심이 사라집니다.

생계

돈을 벌러 일터로 나갑니다.
가족들의 생계와 안락한 생활
더 나아가 미래를 준비하기 위해
일터로 가고 있습니다.
생계는 아주 중요한 문제입니다.
이것이 해결돼야 들숨과 날숨을 이어나갈 수 있습니다.
그러나 생계를 잇기 위한 노동은 즐겁지만은 않습니다.
오히려 힘들고 고달플 때가 더 많습니다.

그래서 우리는 더욱더 아름답게 살아야 합니다.
생계만을 위한 노력은
더 넓은 세상을 바라보게 하는 데
부족함이 많습니다.
살아가긴 살아가되
아름다운 삶을 살아야 합니다.

더 넓고 더 많은 것을 볼 수 있는
아름다운 삶을 살아가기 위해 일한다면
때론 견디기 힘든 일이 닥쳐도
충분히 헤쳐 나갈 수 있습니다.

물질적으로 누리는 삶을 살기 위해선
아무리 돈이 많아도 모자라지만
아름다운 삶을 사는 데는
큰돈이 필요하지 않습니다.

근기 따라

최고라고 말할 때 사람들은 'A급'이라고 합니다.
등급을 만들어 놓고 사는 세상입니다.
A등급의 평가 기준은
부와 명예와 권력을 갖추어야 한다고 합니다.

불교에서도 '근기'라는 말이 있습니다.
이것도 일종의 등급이라고 한다면
상근기, 중근기, 하근기로 나눕니다.
상근기는 부처님의 가르침을
올곧게 잘 실천하는 사람입니다.
중근기는 부처님의 가르침대로
노력하면서 실천하는 사람입니다.
하근기는 부처님의 가르침을 배우면서
자기 생각대로 실천하는 사람입니다.

부처님의 가르침을 실천하는 데에는
많은 사람들이 상근기를 가진 사람들을
존경하고 부러워 합니다.
그저 마음을 내어 부처님의 가르침을 실천하기만 하면
상근기가 되어가는데 말입니다.

굳건하고 맑은 마음으로
참선 수행과 기도 정진을 하면
자기 성품 자리는 근기 따라 갑니다.

마음 살피는 시간

아침에 눈을 뜨면 양치질과 세수를 합니다.
그러면서 거울을 봅니다.
거울을 보며 내 얼굴을 닦고 단장을 합니다.
시간이 얼마나 걸립니까?

거울 안팎의 나에게만 신경쓰면서
정작 마음자리를 들여다보고 알아차리는 데는
소홀하지 않는지요?

하루 중 내 마음을 바라보는 시간은 얼마나 될까요?
어쩌면 그런 시간을 내야 하는 줄 모르는 분들도 계실 겁니다.
마음 살피는 시간이 왜 필요할까요?
우리 행동은 마음에서부터 시작됩니다.
그런데 내 마음이 어떤지 살펴보는 시간이 없다면?
얼굴에 묻은 먼지는 닦아내도
정작 마음의 티끌을 털어내지 못한다면
마음으로부터 나오는
내 행동이 맑고 밝아지기는 어렵겠지요.

아름다운 삶

세상 사람들은 재밌는 인생을 살아가려고 노력하고
세상 사람들은 즐기는 삶을 살아가려고 동분서주하고
세상 사람들은 누리는 생활을 뽐내고 자랑하며 살아갑니다.

오늘은 여러분들이 아름답고 멋진 삶을 살기를 축원드립니다.
부처님, 예수님, 공자님 그리고 소크라테스는
재밌는 인생을 살지 않았고,
즐기는 삶을 살지 않았으며
더군다나 누리는 생활도 하지 않았습니다.
성인들은 다만 아름다운 삶을 살았습니다.

고난의 길이었지만 아름다웠습니다.
배고팠지만 아름다웠습니다.
시기하는 자가 있었지만 아름다웠습니다.
그런 삶을 닮아가야 합니다.
지금 이 순간부터 그리 해야 합니다.

새벽예불을 올리며 간절히 축원합니다.
아름다운 하루가 되기 위해 건강한 오늘이 되게 하소서!
아름다운 하루가 되기 위해 밝은 마음이 되게 하소서!
아름다운 하루가 되기 위해 어여쁜 꽃이 되게 하소서!
당신이 아름다우니 오늘도 참 좋은 날입니다.

나이값

많이 먹어도 배부르지 않는 것,
나이입니다.
시비가 붙거나 다툼이 생기면 흔히 묻습니다.
너 몇 살이야?
나이도 어린놈이 건방지다며 화를 냅니다.
그 사람의 주장이 합리적인지 아닌지 하는 것은
중요하지 않습니다.

우리가 나이를 먹은 것은 지구가 스스로 돌면서
얻어진 결과물입니다.
즉 나의 노력 없이 저절로 먹게 되었다는 겁니다.
그러니 나이는 숫자에 불과하다는 말을
나이만 먹었다고 스스로 위로할 때 쓰지 말고
언제 어디서나 적용해야 합니다.

상대방이 나보다 어리든 나이가 많든 상관없이
합리적이고 진실된 주장인가를 살펴봐야 합니다.
진정한 인욕은 괜한 자존심을 버리고
바른 소리, 옳은 의견을 기꺼이 받아들일 때
그 가치가 빛납니다.

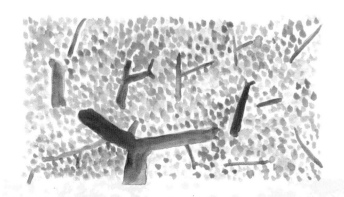

자문자답

인간이 사회 속에서 살아간다는 것은
타인의 말과 이야기를 들으며 타인의 행동을 따라하고
나를 규정하고 살아간다는 말일지도 모릅니다.
생각해보면 참 고단한 삶입니다.
살아가면서 나에게 묻고
스스로 답하는 경우가 얼마나 있을까요?

내가 나에게 묻습니다.
정말 잘 살아왔는가?
앞으로 어떻게 잘 살 건가?
지금은 잘 살고 있는가?
스스로 고단한 삶을 만들어 온 건 아닌가?

남들 시선에 맞추어 재단하고 평가하고 가치를 매기는
그런 삶을 살지 않겠습니다.
스스로 만족하고, 흡족한 그런 생활을 하겠습니다.
내가 나에게 속는 그런 생활에서 해방되겠습니다.
나를 속이지 않겠습니다.

지금 이 순간
나에게 물어야 합니다.
그리고 이렇게 살겠다고 다짐해야 합니다.

보시의 시작

이제까지 살아오면서 들은 말 가운데
가장 감동적인 것은 무엇이었나요?
배려의 말 한마디, 따뜻한 격려 한마디가
사람을 신바람 나게 하고 가슴을 벅차게 합니다.
그런데 그런 말 한마디 하기가 왜 그리 어려울까요.
연습이 없었기 때문은 아닐까요?

오늘부터 해보는 겁니다.
어제는 고마웠습니다! 오늘도 잘 부탁드립니다!
사무실에서 이렇게 좋은 연습을 했으면
퇴근 후 집에 들어서며
가족에게도 마음이 담긴
다정한 인사 한번 해보는 건 어떨까요.
따뜻한 인사와 격려야말로 보시의 첫걸음입니다.

그건 아니라고 봅니다

여러분 주변에서 누가 제일 잘산다고 생각하십니까?
잘산다고 평가한 그 기준은 무엇인가요?
돈이 얼마나 많은지
명예가 얼마나 높은지
권력이 얼마나 막강한지
그런 것으로 평가하지는 않으셨나요?

그건 아니라고 봅니다.
부처님은 부와 명예와 권력을 버리셨습니다.
스스로 당당했고 늘 마음이 편안했습니다.
우리의 기준도 그래야 합니다.
부처님을 닮아야 하겠습니다.

돈이면 다 되는 세상이라고 사람들은 믿습니다.
어디까지 채워야 끝인지 알 수 없습니다.
하지만 이 욕심은 영원히 채울 수 없다는 것을
이미 2,600년 전 부처님께서 일깨워주셨습니다.
이제라도 그 가르침을 따라가지 않으시렵니까?

진리의 자리

극락은 어디에 있습니까?
천당은 어디에 있습니까?
열반은 어디에 있습니까?
우리가 늘상 말하는 천당과 극락세계, 열반의 공통점은
평화로운 상태, 괴로움이 없고 자유로운 상태입니다.

그런데 이 지구상에는 총성이 그치지 않고
서로 많이 차지하려는 무한경쟁 속에 갇혀 있습니다.
그럼 극락과 천당과 열반은 없는 겁니까?
지금은 없지만 나중에는 있을 거라고 믿으십니까?
그것이야말로 참으로 어리석은 생각입니다.

천당과 극락과 열반은 바로 당신 마음속에 있습니다.
우리가 제대로 알지 못해서
욕심내고 화내고 어리석게 구는 것처럼
제대로 알지 못해서 극락을 체험하지 못하고
열반을 체험하지 못하는 것뿐입니다.
내 안에 있는 것을 밖에서만 찾으려 애쓰기 때문입니다.
진리는 늘 나와 가장 가까운 곳에서 함께합니다.
다만 내가 발견하지 못했을 뿐입니다.

집착이 뭡니까

사람은 의식하든 의식하지 않든 끊임없이 생각을 합니다.
잠깐 동안 먹을 것에 대한 생각을 하지 말라고 하면
오히려 먹는 생각을 더 하게 됩니다.
사람이 갖고 있는 아주 특별한 특징입니다.
근심 걱정도 마찬가지입니다.
취업, 결혼, 내 집 마련, 노후자금
한번 고민하기 시작하면 머릿속에서 계속 맴돌게 됩니다.

어느 구도자가 부처의 경지에 오르고 싶었습니다.
그래서 산중의 큰스님을 찾아가 간절하게 물었습니다.
부처가 뭡니까?
큰스님이 답했습니다.
부처는 똥막대기다!
순간 그는 할 말을 잃었습니다.
그리곤 크게 깨달았다는 일화입니다.

근심 걱정이 머릿속을 떠나지 않고
집착이 되어 괴로울 때는 외쳐보세요.
똥막대기다!
내가 머릿속에 품고 있는 이 근심과 걱정은 다
똥막대기다!

집착이 사라지며
새로운 전기가 마련될 것입니다.

생존본능

사람에겐 누구나 살아야 한다는 생존 본능이 있습니다.
이제 갈 날이 멀지 않은 아흔이 넘은 노인도
내가 어서 가야 하는데, 입버릇처럼 말을 해도
몸에 좋다는 약은 다 챙겨 드시는 걸 보면
젊은이든 늙은이든 어쨌든 살아야 하는 겁니다.
살아가되 추하게 살아서는 안 됩니다.

스스로 움직일 수 있어야 합니다.
먹는 것, 입는 것, 걷는 것은 스스로 해결할 수 있어야 합니다.
그렇게 스스로 할 수 있어야 사는 것입니다.
병든 몸이라도 기도하는 삶이어야
현재의 삶과 미래의 삶이 하나될 수 있습니다.

인생의 성공은 가장 쉽고 흔한 것들을
묵묵히 오래도록 잘 실천하는 데 달려 있습니다.

바다

작은 가랑잎은 낮은 물에도 둥둥 뜹니다.
그러나 큰 배는 넓고 깊은 물이 있어야 뜰 수 있습니다.
당신은 큰 배입니다.
뭔가 잘 되지 않는다고 당신이 느낀다면
그건 아직 큰물을 만나지 못했기 때문입니다.

바다는 세상 가장 낮은 곳에 위치하기에
여기저기에서 흘러온 많은 물들이 모여듭니다.
당신이 겸손하게 상대를 배려할 때
많은 사람들이 당신에게 모여
당신이라는 큰 배를 우뚝 띄울 것입니다.

마음 정하기

상대방에게 내 생각을 들키면 마음이 움찔합니다.
비즈니스 관계에서는 더욱 그렇습니다.
게다가 들킨 생각을 상대방이 지적하면 화가 납니다.
내 안에서 일어난 화를 오히려 상대에게 화풀이를 합니다.
거래는 엉망진창이 되고 이야기는 깨져버립니다.

상대방은 바보가 아닙니다.
상대방은 내 생각을 모두 알고 있으니
나는 마음을 정해야 합니다.
그러면 상대방에게 진실된 말과 행동을 하게 되고
상대방은 내 진실된 생각을 알고 있으니
나를 진실되게 대합니다.
그러니 좋은 거래가 이루어지는 겁니다.

남을 속이려 들면 그 화가 자기에게 미칩니다.
타인을 정성으로 대한다면 그 복은 나에게로 옵니다.
참 좋은 세상이 됩니다.

조급한 마음이 들 때

내가 서두른다고 조급하게 움직인다고
결과가 크게 달라지던가요?
오히려 일을 그르치는 경우가 더 많지 않았나요?
그렇게 겪었으면서도 어떤 일을 시작하게 되면
조급증이 불쑥 되살아납니다.

여유를 가져야 합니다.
여유야말로 더 좋은 결과를 만들어내는 밑거름이 됩니다.
나태와 게으름과는 분명히 구분되는 여유를 가져봅시다.

마음이 조급해질 때 마음속으로 되뇌십시오.
괜찮아! 괜찮아!
부처님의 명호를 암송하는 것도 좋은 방법입니다.

나는 모른다

오늘도 어김없이 아침이 밝았습니다.
오늘도 순간순간 최선을 다해야 하겠지요.
그러나 때때로 벽에 부딪치는 경우가 있습니다.
나도 모르게 저지른 나의 행동을 보고
깜짝 놀라기도 하고
화가 나기도 하고
원망하기도 합니다.
이것을 카르마 즉 업이라고 합니다.

내 의지와 상관없이 스스로 나를 조절할 수 없는 상태라면
일단 모든 행동을 멈추세요.
그리고 마음속에서 되뇌세요.

오직 모른다!
모른다! 모른다! 모른다!

시간이 조금 지나면 마음이 고요해지고
내 감정도 진정됩니다.
그리고 스스로 위로해보세요.

괜찮아! 나는 잘할 수 있어!

약속

편안한 아침을 맞으셨나요?
편안한 느낌이라는 건 걸림이 없는 상태를 말합니다.
몸으로나 마음으로나
걸림이 없고 자유로워야 합니다.
불교에서는 계율을 강조합니다.
그러나 계율이라는 말이
너무 강압적이고 딱딱하다는 생각이 듭니다.
그래서 계율이라는 표현보다
'약속 지키기'라는 표현이 더 좋다고 생각합니다.

타인과 하는 약속도 있지만
자신과의 약속도 있습니다.
마음에 걸리는 약속은 하지도 말아야 하지만
마음에 걸리는 행동도 하지 말아야 합니다.
그게 마음의 약속입니다.
마음에 걸림이 없는 행동이 바로 계율을 지키는 겁니다.

편안한 상태로 머물기 위해선 걸림이 없어야 합니다.
그 걸림을 없애기 위해선 약속을 잘 지켜야 합니다.
여러분은 약속을 잘 지키니
매일매일이 편안할 겁니다.

당신을 위한 기도

매일 아침 당신을 위해 기도합니다.
당당한 하루를 살 수 있도록 용기를 달라고 기도합니다.
배고파도 비굴하지 않기를 기도합니다.
누군가에게 손길을 내미는 아량이 있길 기도합니다.

당당하지 못하다면 누군가와 비교하기 때문입니다.
비굴하다면 육신을 집착하기 때문입니다.
비교하는 어리석음을 버려야 합니다.
집착하는 아둔함을 버려야 합니다.
나는 나입니다.

당신의 건강을 위해 기도합니다.
당신은 하나의 소우주로,
온전하게 활동하도록 기원하는 것입니다.
당신이 온전하게 활동하니
온 우주도 조화롭게 움직이게 됩니다.
당신을 위한 기도였지만
결국 온 우주를 위한 기도가 되었습니다.

기분이 좋습니다.
내 기분이 좋으니 당신의 기분도 좋아집니다.
당신이 기분 좋으니 세상이 밝아집니다.

나의 본질

우연한 기회에 시내 한복판에 나갈 일이 있었습니다.
마치 다른 나라에 와있는 느낌이었습니다.
레스토랑, 쇼핑센터, 커피숍… 화려하기가 이를 데 없고
여러 나라를 그대로 재현한 모습이었습니다.
그야말로 세계는 하나가 되어가는 모습이었습니다.
대륙과 해양의 육교 역할을 하는 한국의 지리적 특성을
잘 발전시키고 있다는 생각이 들었습니다.

나도 마찬가지입니다.
나의 본질적 특성을 잘 활용하면
나를 더욱 발전시킬 수 있습니다.
자신의 마음을 잘 들여다보세요.
내가 무엇을 원하고 있습니까?
나도 모르게 특정한 것에 마음이 끌리고 행동을 한다면
그게 당신의 본성이라고 할 수 있습니다.
지금 바로 마음을 따라 시작해보세요.

일단 멈춤

일터를 향해 갑니다.
주머니에 손을 넣고 콧노래도 흥얼거립니다.
주머니 안에는 어제 정리하지 못한 부스러기가 있습니다.
얼른 꺼내 휴지통에 버렸습니다.
그 순간 필요 없고 지저분한 물건을 처리하려는
나를 알아차렸습니다.

아! 나라는 놈은 지저분하고 필요 없는 것을 없애려는
청정한 놈이구나!

그러나 삿된 생각과 마음은 어떻게 정화해야 할까요?
일단 멈춰봅니다.
행동을 잠깐 멈추는 겁니다.
생각과 마음 없이 행동은 일어나지 않기 때문입니다.
마음을 비우는 겁니다.

넌 누구냐?
그런 생각과 마음이 드니 좋으냐?
그렇게 부스러기와 지저분함을 처리하면 됩니다.

조종사

아침에 눈을 뜨면 습관적으로 외모를 단장합니다.
평소에 하던 대로 하면서
3분 동안 나를 위한 기도를 하는 겁니다.
3분 동안 나를 위한 여유를 가지는 겁니다.
가족을 위해 직장을 위해 24시간 바쁘게 살아도
정작 나를 위해 단 3분의 시간도 내지 못하고 있지는 않나요?

새벽예불 시간 여러분을 위한 기도를 올립니다.
그러나 정작 여러분이 스스로를 위한 기도를 하지 않는다면
무의미한 기도가 되고 맙니다.
조종사 없는 비행기에 아무리 엔진 출력을 높인다 해도
그 비행기는 목적지 없이 허공을 떠돌 수밖에 없습니다.
나를 위한 기도는 조종사 역할임을 잊지 마시기 바랍니다.

회향

하늘은 스스로 돕는 자를 돕는다.
여러분도 많이 들어본 격언일 것입니다.
불보살님도 당신이 최선을 다하는지 살펴보고 계십니다.
열심히 하고도 실패를 한다면
그것이 최선이 아니라는 사실을 알려주는 것입니다.

실패를 겸허하게 받아들이고
그 원인을 나에게서 찾아내야 합니다.
누군가를 탓하거나 세상 탓으로 돌린다면
성공은 결코 얻기 힘듭니다.
내 욕심을 채우는 성공은 결코 없습니다.

성공의 결과는 여러 사람들과 나누어야 합니다.
성공의 결과를 나누는 것을 두고
절집에서는 회향이라고 합니다.
당신은 회향할 마음을 내고 있습니까?

알아차리기

사람마다 지식을 빨리 받아들이거나
늦게 받아들이는 정도의 차이는 있게 마련입니다.
사람마다 능력의 차이가 있기 때문입니다.
다소 느린 사람은 조급하게 생각하지 말아야 하고
남보다 빠르다고 해서 자만해서도 안 됩니다.
자기의 능력은 누구보다 자신이 잘 압니다.
스스로의 능력을 알아차려
조급함은 화를 불러일으키고
자만은 스스로를 망친다는
지혜를 잊지 말아야 합니다.

누구입니까

하루의 시작 아침을 열며
오늘은 무엇을 할까 생각해봅니다.
어제 못다 끝낸 일을 마무리 짓고
여유 있게 책 한 권을 꺼내 들어야겠다고 생각해봅니다.
그러다 실제로 책 한 권 꺼내들 수 있을까 하는
부정적인 생각도 동시에 일어납니다.
어물어물 하다 시간이 지나가고
이렇다 할 마음도 정하지 못하는 경우가 다반사입니다.
저녁 무렵이 되면 막연히 내일을 기대합니다.
그렇게 하루를 마감합니다.
그렇게 일주일, 한 달, 일 년이 지나갑니다.
이렇게 인생을 보내는 사람은 누구입니까?
혹시 당신은 아닙니까?

본래 나지도 않고 멸하지도 않으며

있는 것도 아니고 없는 것도 아니며

움직이지도 않고 흔들리지도 않으니

그것은 항상 머물러 있으니

바로 마음이로다

일상의 죽음

우리는 평소 늘 죽음을 준비합니다.
배불러 죽겠다
재밌어 죽겠다
힘들어 죽겠다
좋아 죽겠다
어려워도 죽겠고 좋은 일이 있어도 죽겠다고 합니다.
이렇게 죽음은 일상에 늘 함께 있습니다.

그러니 전혀 두려워 할 필요가 없습니다.
당신이 생각하는 대로 그냥 하면 됩니다.
마음먹은 대로 움직이면 됩니다.

누구의 눈치를 볼 것도 없고
옳다고 생각하면 그냥 하면 됩니다.
실패가 두렵습니까?
그렇다고 죽음만큼 두려운가요?

두려움

변하지 않는 것은 세상에 없습니다.
내 마음도 변하고 생각도 변하고 육신도 변합니다.
이렇게 모든 것이 변한다는 것을 알고 있으면서도
우리들은 변화를 두려워합니다.
변한다 해도 내가 예측 가능한 변화를 원합니다.
예측할 수 없다는 불확실성에 사람들은 두려움을 느낍니다.
그래서 두려움은 욕심의 다른 표현입니다.

모든 것은 변한다는 진리에 나를 턱 맡겨보세요.
당당히 받아들이십시오.
자연스레 욕심이 사라지고
어느새 두려움이 사라질 것입니다.

지구가 돌 듯이

스님들은 선방에서 깨달음을 위해 수행 정진합니다.
학생들은 학교에서 자신의 꿈을 위해 공부를 합니다.
사람들은 일터에서 자신의 미래를 위해 일을 합니다.
누구든 언제 어디서든 수행 정진하는 것입니다.
왜냐하면 들숨과 날숨은 때와 장소를 가리지 않기 때문입니다.

깨달음을 구한다 생각하지도 말라!
무엇인가 성취한다는 마음도 내지 말라!
지구가 돌 듯이
생명이 숨을 쉬듯이
그냥 할 뿐입니다.

지금 하는 행위를 알아차려보세요.
숨 쉬는 것을 알아차리고
말하는 것을 알아차리고
올라오는 감정과 느낌을 알아차려보세요.

부처를 만났다

부처는 누구입니까?
부처는 어디 있습니까?
부처를 만나려면 어떻게 해야 합니까?
많은 불자들이 궁금해 하면서 던지는 질문입니다.

부처는 당신입니다.
부처는 당신 안에 있습니다.
부처는 매 순간 알아차리는 찰나를 통해 만날 수 있습니다.
당신이 부처입니다.

지진

때때로 들리는 지진 소식에 놀랍니다.
지진 피해는 이루 말할 수 없습니다.
실질적인 재산 피해는 물론이고
두려움과 불안의 정신적 고통도 헤아릴 수 없습니다.
전혀 움직임 없이 평온하게만 보이는 지구조차도
심층에는 밀고 당김의 갈등이 있습니다.

하물며 모양과 성품이 다른 사람들이 살아가는
세상은 어떠하겠습니까.
사람 사는 세상에서 갈등은 당연한 겁니다.
더 나아가 세상을 지탱하고 유지하는 에너지입니다.
그러니 당신 앞에 놓인 갈등과 반목은
나를 시험하고 지탱하는 힘입니다.
인간관계의 갈등은 당신을 더욱 굳건하게 만드는
계기가 될 것입니다.

선과 악

당신에게 밥을 주고 기쁨을 주는 이는
선한 자로 생각할 것입니다.
당신의 먹을 것을 빼앗고 고통을 주는 이는
악한 자로 여길 것입니다.

그러나 살아가면서 기쁨과 고통은 끊임없이 반복됩니다.
언제나 기쁨이 있기를 바란다면 그것은 욕심입니다.
언제나 고통만 있을 거라고 생각한다면 그것은 자학입니다.
기쁨과 고통은 언제나 상존하고 반복된다는
이치를 알아야 합니다.

기쁨 때 그 기쁨에 매몰되지 않고
괴로울 때 그 고통 또한 오래 머물지 않을 것임을
알아야 합니다.
기쁨과 고통의 양극단에 치우치지 않는 것이 지혜입니다.
그 지혜가 부처의 삶입니다.

살아 숨 쉬는 모든 것들

높은 산이나 외딴 섬 바위틈에서 힘겹게 자라는
소나무를 본 적이 있습니까.
열대우림에서 자라는 우람한 나무는 하늘을 찌를 듯합니다.
지구 생명체가 살아가는 모습을 보면 경이롭고 신비롭습니다.

이들은 자신의 환경과 기후에 맞게 살아갑니다.
자신에게 가장 알맞은 방식으로 저마다 다르게 살아갑니다.
누가 더 잘났고 못났다고 평가할 수 없습니다.

사람의 삶도 그렇습니다.
무더운 열대지방에서 나고 자란 사람과
추운 북극지방에서 태어나 사는 사람의
생각과 관습은 다를 수밖에 없습니다.
주어진 환경에서 살아남기 위해서입니다.

누가 더 우월한지 평가할 수 없으며 평가해서도 안 됩니다.
그러니 살아가는 모든 생명들의
우열을 가려 평가하는 것은 어리석습니다.
살아 숨 쉬는 모든 것들의 존귀함과 경이로움에
머리를 숙여야 합니다.

지구와 같은 당신

당신을 위해 기도합니다.
슬럼프에 빠져 무기력하고 아무것도 할 수 없는
당신을 위해 기도합니다.

지구는 지구 그 자체입니다.
지구에도 봄, 여름, 가을, 겨울의 사계가 있습니다.
원하든 원하지 않든 그 사계를 맞고 있습니다.

당신에게 찾아온 슬럼프도 사계와 같습니다.
더워 미칠 것 같고 추워 죽을 것 같아도
또 그렇게 지나갑니다.
언제나 즐거움만 있을 수 없고 늘 즐거울 수도 없습니다.
힘들고 어려워도 나의 진면목은
그대로 나와 더불어 존재합니다.
마치 지구와 같이 말입니다.

미움

잠에 취해 있으면 시끄럽게 울리는 알림 소리가
왜 이렇게 미운지 모릅니다.
그래도 아침에 해가 뜨고 창이 밝아오면
더 자고 싶었던 마음도 이내 사라집니다.

모든 슬픔과 기쁨도 그러합니다.
시간이 지나면 모두 잊혀져
내가 언제 그랬었나 하는 생각이 듭니다.
이렇듯 모든 것이 순간이고 찰나입니다.
그러니 집착하지 마세요.
끄달리지 마세요.

그저 빙그레 웃으며 조용히 말해보는 겁니다.
너 또한 지나가겠지.
그런 관조의 마음으로 세상을 살아간다면
당신에게 넉넉한 삶이 펼쳐질 겁니다.
오늘 하루도 주어진 일에 오직 다할 뿐입니다.

말

소리 없는 말이 천 리를 간다고 합니다.
천수경 첫머리는 입으로 짓는 업을
깨끗하게 씻기 위한 구절입니다.
이렇게 세 치 혀가 무섭다는 겁니다.

오늘은 첫 시작을 좋은 말로 해보세요.
문제는 항상 입으로부터 시작합니다.
밝은 얼굴로 먼저 인사하세요.

안녕하세요!
오늘 참 멋지시네요!

조금 마음에 들지 않는 이야기라도 밝게 대답해봅니다.
네! 알겠습니다!
좀 더 잘해보겠습니다!

웃는 얼굴과 좋은 인사와 상냥한 말은
상대방을 기분 좋게 합니다.
상대방이 기분 좋으니 나도 편안합니다.
참 좋은 날입니다.
결국 누가 좋아졌나요?

신나게 놉시다

큰 꿈을 가져라!
끊임없이 노력해라!
훌륭한 사람이 되어라!

어려서부터 많이 들었던 말입니다.
어른들은 지금도 이 말을 어린이와 청소년들에게 하고 있습니다.
세상이 변한 것 같아도 아이들을 대하는 시선은 늘 같습니다.
아이들에게 하고 싶은 말이 있습니다.

실컷 놀아라!

공부하는 것도 아니고 노는 것도 아닌
어정쩡한 시간이 너무 많습니다.
그렇게 낭비하는 시간이 많으니
그럴 바에는 차라리 신나게 노는 것도 좋습니다.
신나게 놀고 나면 그 다음은 일을 하든 공부를 하든
집중력이 좋아집니다.
어른들은 아이들을 지켜보며 믿어보세요.

건강한 현상

자연계에서 어떤 것들은 융합하거나 분열하면서
폭발이 일어나고 엄청난 열이 발생합니다.
과학자들은 이러한 현상을 보면서
원자력이라는 힘을 발견했습니다.
그래서 원자핵의 분열과 융합이 이루어지는 과정에서 발생하는
엄청난 에너지를 우리들이 이용하게 된 것입니다.

우리가 사는 인간관계도 마찬가지입니다.
서로 분열하는 과정에서 갈등이 생기고
서로 뭉치고 융합하면서 또 많은 혼란을 겪습니다.
괴롭고 고통스러운 일이라고만 보지 말고
여기서 나오는 에너지를 사람들이 유용하게 쓸 수 있도록
지혜를 모아야 합니다.

물질의 융합과 분열이 자연 현상이듯
사회 갈등과 혼란 또한 자연스럽고 건강한 현상이라는
진리를 받아들인다면 마음이 한결 편해질 것입니다.

모른다

혹시 오늘은 또 어떻게 살아가나 걱정하지는 않는지요?
일단 생각을 멈춰보세요.
걱정은 우려하고 미리 앞서 판단하기 때문에 생깁니다.
그 생각과 판단을 멈추는 것이
걱정과 두려움을 없애는 지름길입니다.
선사들은 '오직 모를 뿐!' 하며 수행하였고
또 '오직 할 뿐'이라고 외치며 생활하였습니다.
정말 간단명료하지 않습니까.

걱정도 모르고 생각도 모르고
다만 주어진 일을 하는 겁니다.
그렇다면 무엇이 두렵겠습니까.
이제 시작해보세요.
나는 근심 걱정 모른다!
나는 할 수 있는 만큼 한다!
이렇게 마음을 내면 희망과 용기가 생길 겁니다.

기억

누구나 기억하는 것에 의존해 판단하고 결정합니다.
그러나 우리가 기억하는 사실이 모두 정확한 것은 아닙니다.
분명히 일기장 속에 넣어뒀다고 기억한 메모지가
서랍 속에서 발견되는 경우도 있습니다.
아무리 봐도 기억나지 않는 얼굴인데
언젠가 함께 시간을 보낸 친구인 경우도 종종 있습니다.
그러니 기억하는 것을 모두 옳다고 생각해서는 안 됩니다.
내가 기억하는 것이 모두 맞다고 우겨서는 안 됩니다.

우리는 이것을 착각이라고 하고 오류라고 부릅니다.
이러한 착각과 오류는 잘못된 습관과 관념 때문에 생깁니다.
가진 게 많아야 행복하다고 합니다.
이것이 사실인가요?
이러한 관념은 오래전부터 이어져왔습니다.
당신의 행복을 어디에 두었는지 기억나시나요?
서랍 속에 있을지도 모를 일입니다.

말씨

사람들은 타인의 겉모습만 보고 판단하는 경우가 많습니다.
그것은 빙산의 일각만 보고 전부를 판단하는 것과 같습니다.
누군가 당신의 겉모습만 보고
당신이 어떤 사람이라고 판단한다면 어떤 기분이 들까요.
그리고 그렇게 보는 것이 정작 맞는 걸까요.
상대방의 진정한 모습은
바로 그 사람의 말씨를 보면 알 수 있습니다.
그 사람의 말 속에 묻어나는 진정성을 보는 겁니다.
그리고 되돌아봐야 합니다.

나는 얼마나 진실되게 말하고 있나?

부처의 성품

착한 일을 하면 마음이 뿌듯합니다.
악한 일을 하면 마음이 께름직합니다.
선행과 악행을 알아채는 그 자리가 참나의 자리입니다.
알아채는 그 자리가 나의 본성 즉 나의 불성佛性입니다.
그러나 사람들은 믿지 않습니다.
불성을 발견하기가 그리 쉬울 줄 아냐고 말입니다.

네, 쉽습니다!

다만 알아채고 난 후 항상 선행을 가까이 하고
악행을 멀리 하기란 쉽지 않습니다.
내가 지닌 불성에 더하여 선업을 닦아가는 그 길이
부처가 되는 길입니다.
누구에게나 불성이 있습니다.
그러나 부처를 이루는 길은
아무나 하기 어렵습니다.
그래서 부처님이 더욱 위대한 것입니다.

자존심

누군가가 나를 험담했나요?
이 정도밖에 일을 못하느냐고 무시당했나요?
자존심이 상해 속상하지는 않으셨나요?

자존심이 상했다는 건
대부분 외부 요인에 따른 내면의 충격을 말합니다.
즉 나의 의도와는 무관하게 발생합니다.
그러나 타인이 나를 어찌 생각하든 어떻게 평가하든
내가 당당하다면 크게 문제 삼을 일이 아닙니다.
상대방이 나를 얼마나 알겠습니까?

스스로 자책할 일은 아닙니다.
내가 당당하다면 허허 웃어버립시다.
그리고 무학대사의 이야기처럼 말해봅시다.
돼지의 눈에는 돼지만 보일 뿐!
당신은 부처의 눈으로 그를 바라보면 될 일입니다.

평온한 하루

오늘 아침도 당신을 위해 기도하였습니다.
한 생각 일으켜 번뇌의 고통에 휘말리지 않도록
한 생각이 욕심으로 이어져 다툼으로 이어지지 않기를
다툼이 극단적인 결과로 이어져
뜻밖의 고통에 시달리지 않기를 기도했습니다.

한 생각은 왜 일어납니까?
어떻게 하면 육신이 안락할까
어떻게 하면 남보다 많은 힘을 가질까
어떻게 하면 남보다 이름을 더 높일까
그런 마음에서 한 생각이 일어나는 게 아닐까요?
오늘만큼은 내려놔보십시오.

그 순간 여여하고 평안한 하루가 열릴 겁니다.

아는 대로 하기

엊그제만 해도 함께 웃고 떠들었는데
지인이 사망했다는 소식을 전해들으면
꿈인가 생시인가 구분이 안 됩니다.

에구 사람이 살아 있는 게 살아 있는 게 아니다.
그래 욕심 부리고 살지 말아야 해.
맘 편히 살아야 해.
아등바등 살다 저렇게 가면 무슨 소용인가.

다들 눈물 속에 이런 말들을 되뇌곤 합니다.
그러나 삼 일쯤 지나면 평소대로 돌아갑니다.
다투고 욕심내고 심지어 남을 해치면서까지 탐욕을 부립니다.
아는 대로 행하면 됩니다.
우리는 어떻게 사는 것이 행복한 삶인지
어떻게 행동하는 것이 복된 삶인지
이미 다 알고 있습니다.
아는 데서 끝나지 말고 실천하는 데까지 나아가는 것이
부처님을 따라가는 길입니다.

헛되이 보내지 않기를

당신에게 주어진 시간을 헛되이 보내지 않기를 기도합니다.
내게 기회만 주어진다면
그 기회를 결코 놓치지 않을 거라고 말들 합니다.
그러면서 왜 나에게는 기회가 오지 않느냐고 원망합니다.
저 사람은 별로 잘하지도 못하는데 잘나간다고 부러워합니다.
당신에게 기회는 언제나 올까요?

지금입니다.
부러워하는 이 순간이 기회입니다.
원망하는 이 순간이 기회입니다.
꿈만 꾸고 생각만 하는 지금이 기회입니다.
지금 하십시오.
그리고 몰입하십시오.

몰입은 번뇌를 끊는 지혜이고
집중은 한 생각을 끊어내는 명상입니다.
그렇게 오직 할 뿐입니다.

근원

내가 하는 행동
내가 하는 생각
내가 갖는 마음
어디서 왔습니까?

내가 옳다고 믿었던 판단
내가 옳다고 내린 결정
내가 옳다고 믿었던 근거
그것은 진리에 따른 것이었습니까?

한 생각 일으켜 번뇌의 불씨가 된 것은 아닌지
생각해보는 아침입니다.
그래서 내린 결론, 오직 할 뿐!

희생

한 생각, 한 욕심이 일어나 번뇌의 괴로움에서 벗어날 수 있도록
당신을 위해 기도합니다.
힘과 용기를 북돋아 달라고 기도합니다.

한 생각은 어디에서 일어납니까?
한 욕심은 어디에서 옵니까?
굶주린 배를 채우면 족할 것을
세 치 혀를 즐겁게 하기 위해 한 생각이 일어납니다.
세 치 혀의 즐거움을 위해 다른 이가 희생되게 해서는 안 됩니다.

한 생각은 쾌락을 떠올리는 것
한 욕심은 타인의 희생을 강요하는 것
그렇게 새겨야 합니다.
그렇게 놓아버려야 합니다.

수행

업무에 결재에 아이들 문제에 가족들 생각에
무엇 하나 마음먹은 대로 해결되지 않는다면
새로운 돌파구를 찾아 몸부림을 칠 것입니다.
그런데 명쾌하게 해결된 것들이 있었나요?
아마 해결되기보다는 상황이 더욱 악화되는 경우가
더 많을지 모르겠습니다.
이럴 땐 잠시 판단을 멈춰보세요.

어떤 생각도 하지 말고
그저 모를 뿐!
그렇게 해보세요.

내 자신을 백지 상태로 만들어보는 겁니다.
일도 모르고 결재도 모르고 아이들도 모르고 내 자신도 모른다.
이렇게 10분 동안 자신을 백지 상태로 머물다 깨어나보세요.

마음에 평정을 찾을 수 있을 겁니다.
새로 시작하는 그런 기분이 들 겁니다.
하얗게 비우고
충전의 시간을 가지는 것이
내 자신을 다스리는 확실한 수행입니다.

원한을 원한으로 갚지 마라

그리하면 마침내 원한은 그치리라

참으면 원한은 그치게 되니

이것이 부처님 법이다

망각

아무리 좋은 향기라도 오랫동안 맡으면
좋은 냄새인 줄 모릅니다.
마찬가지로 역겨운 냄새도 한동안 맡고 있으면
그 냄새에 취해 나쁜 줄 모릅니다.
지금 내가 처한 환경이 아무리 좋아도
시간이 지나면 좋은 환경인 줄 모르는 것도 같은 이치입니다.

우리들은 내가 처한 환경이 좋은지 나쁜지
잘 판단하지 못하면서 살고 있습니다.
스스로 삶에 취해 망각하고 살고 있습니다.
이전에 경험하지 못했던 곳으로 여행을 떠나
새로운 세상을 만나면서
지금 나의 환경에 적응하며
세상 속의 나를 따져볼 필요가 있습니다.

겸손

밤하늘의 별빛은 영롱하고 아름답습니다.
그 아름다움은 주변이 어두워서 가능합니다.
태양 아래의 별빛은 찾아볼 수 없는 이치입니다.

내가 빛나는 것은 어쩌면 내가 잘나서가 아닙니다.
상대방이 받쳐주기 때문일 수도 있습니다.
그러니 빛나고 있을 때일수록
더욱 겸손하고 더욱 낮추어야 합니다.
자만심에 빠져 기고만장하다가
느닷없이 태양이 비춘다면
한순간 매몰되고 흔적도 없이 사라집니다.

태양 앞에서는 어떠한 빛도 하찮아진다는
사실을 알아차려야 하겠습니다.
오늘은 겸손이라는 단어를 새깁니다.
마음의 빛을 스스로 밝혀나가는 그런 하루를 다짐합니다.

그래서 부처님

자신의 뜻대로 되지 않는다.
사람이 갖는 한계는 이 한 가지입니다.
원하는 행복을 추구해도
자신의 뜻대로 되지 않고
예상치 못했던 고통이 찾아와도
뜻대로 자신의 마음을 추스를 수 없습니다.
가난의 고통이 그렇고
병마와 싸우는 고통이 그렇습니다.
원하는 사랑을 이루지 못하는 젊은이의 고통도 그렇습니다.

모든 한계를 뛰어넘는 용기와
고통에서 벗어날 수 있는 기회를 찾습니다.
그래서 부처님을 찾습니다.

길잡이

나의 소원을 이루게 해 달라고.
고통에서 벗어나게 해 달라고.
그러나 그 고통에서 간신히 벗어나는 순간
인간은 망각합니다.
이전의 고통은 잊어버린 채 어느새 쾌락을 추구하고
더 많은 명예와 부를 찾아 정신없이 헤매고 맙니다.
부처님은 당신의 고통을 없애주는
그런 존재가 아닙니다.
당신 스스로 그 고통을 이겨낼 수 있도록
인도하는 길잡이일 뿐입니다.

해 달라고 매달리는 대신
하겠다고 해야 합니다.
지금 이 순간
바로 해야 합니다.
당신 스스로 해야 합니다.

다른 생각

배가 고프면 먹어야 합니다.
추우면 입어야 합니다.
졸리면 자야 합니다.

이렇듯 몸이 느끼는 결핍을 채우기 위해 분주합니다.
그런데 마음에 결핍이 생기면 어떻게 하고 있습니까?
혹시 욕심과 마음을 동일하게 생각하는 건 아닌지요?

마음을 비우라고들 이야기합니다.
그러나 나는 생각이 다릅니다.
욕심을 비우면 마음은 채워집니다.
마음과 욕심은 반비례합니다.
마음을 채우면 욕심은 자연히 비워지게 마련입니다.

문자

오늘은 그리운 사람에게 문자 한 줄 띄워보세요.
오랫동안 만나지 못했던 친구도 좋고
일이 바빠 뵙지 못했던 어머니도 좋고
항상 내 옆을 지켜주는 연인이라도 좋습니다.
무슨 말을 보낼지 떠오르지 않는다면 이런 건 어떨까요.

일을 하다 문득 당신이 생각났습니다.
내 마음속에 당신이 오롯이 자리하기 때문일 테지요.
그냥 고맙고 또 미안합니다.
이런 마음을 전할 수 있어 참 행복합니다.

당신이 이런 문자를 받는다면 어떤 기분이 들까요?
따뜻한 기운이 느껴진다면 지금 당장 전화기를 들어보세요.
오늘만큼은 당신이 부처님입니다.

괜찮은가

호랑이는 고기를 먹어야 합니다.
토끼는 풀을 뜯어야 합니다.
호랑이가 풀을 뜯고 토끼가 고기를 먹는다면
머지않아 죽음에 이르게 될 것입니다.
본성을 망각하면 극단적인 결과를 초래합니다.

괜한 욕심은 화를 자초합니다.
지나친 탐욕은 종말을 가져옵니다.
욕심을 구별하는 방법은 아주 간단합니다.
스스로 물어보는 겁니다.
이거 해도 괜찮은 거야?

마음이 당당하면 해도 됩니다.
마음에 걸리고 불안하면 안 하면 됩니다.
그것이 행복으로 가는 길입니다.

대변혁의 시대

관음종을 창종한 태허홍선 조사께서는
불교 사상을 바탕으로
겨레의 눈, 겨레의 등불, 겨레의 길잡이가 되도록
불철주야 노력하였습니다.
한국전쟁 이후 굶주리고 헐벗은 백성을 위해
《법화경》의 가르침을 폈습니다.

태허 스님께서 암울한 시기에 《법화경》을 말하는 까닭은
단박에 백성들을 깨우치게 하기 위함입니다.
《법화경》은 부처님이 40년 동안 설법하신
모든 방편을 뛰어넘는 위대한 말씀이기 때문입니다.
우리 역시 사회적으로 정치적으로
대변혁의 시대를 살아가고 있습니다.
이럴 때일수록 《법화경》의 가르침,
기존의 것을 훌쩍 뛰어넘는 지혜와 용기가 필요합니다.

바람처럼 물처럼

물과 바람은 모양이 없습니다.
그래서 물과 바람은 언제나 자유롭습니다.
걸림이 없으니 닿지 않는 곳이 없습니다.

이렇게 자유로운 것은 내게도 있습니다.
마음입니다.
이 마음을 어떤 모양이나 특정한 틀에 가둔다면
스스로 나의 자유를 속박하게 되는 것입니다.
돈이 많아야 행복할 것이라는 틀을 깨지 못한다면
당신은 돈에 구속되어 영원히 행복을 찾지 못할 것입니다.

용기를 내세요.
당신이 만든 그 틀이 깨져도 아무런 문제가 일어나지 않습니다.
오히려 당신을 더욱 자유롭게 할 것입니다.

새로움

부처님께서는 제행무상을 말씀하셨습니다.
언제나 같은 것은 없다고, 정해진 것은 없다는 뜻이지요.
어제의 내가 오늘의 나와 다르고
오늘의 내가 내일의 나와 다릅니다.
그러니 오늘 좋은 하루를 살아야 합니다.

자꾸 지난 일이 떠올라 괴로우십니까?
안 좋은 기억이 떠오른다고
그 시간으로 돌아갈 수 있습니까?
그것을 해결할 명쾌한 방법이 있습니까?

어제와 오늘이 다른데 어제에 얽매여 집착할 필요가 없습니다.
잊고 새롭게 시작하는 마음을 내야 합니다.

바라는 마음

아침 해가 떠오르면 반드시 저녁이 찾아옵니다.
이것은 변하지 않는 진리입니다.
우리들은 이러한 진리에 의지해 살아갑니다.

아침 해는 나에게 무엇을 바라고 떠오르지 않습니다.
저녁달이 나에게 잘보이려고 떠오르지 않습니다.
그저 떠오르고 질 뿐입니다.

내가 너에게 어떻게 했는데
너는 나에게 이럴 수가 있느냐?

우리는 상대에게 바라는 마음이 큽니다.
나에게 잘해주기를
나를 사랑하기를
나를 인정하기를 바랍니다.
그러면서 그 기대에 미치지 못하면 실망하고 화를 냅니다.

아침의 태양이 무엇을 바라고 떠오르지 않듯이
당신도 실망하기보다는 묵묵히 세상을 바라보면
마음의 문이 열릴 겁니다.

그래! 나는 너에게 무엇을 바라는 게 없다!
다만 내가 좋아서 했을 뿐이다!

빚

돈이 생기면 은행에 저축을 합니다.
은행은 그 돈을 다른 사람에게 빌려줍니다.
나는 은행에 돈이 있다고 믿고
은행은 그 믿음을 다른 사람에게 빌려주는 것이지요.
이것을 신용 창출이라고 합니다.

실제로 세상에는 100만 원이 있다고 하면
거래되는 화폐는 200만 원이 있다고 믿는 방식입니다.
이렇게 신용이 훌쩍 늘어나서 세상은 살기 편해졌다고 합니다.

그러나 창출된 신용에는 기한이 있습니다.
정해진 시간에 그 돈을 되돌려주어야 합니다.
그렇지 않으면 부도라는 엄청난 혼란과 고통이 따릅니다.

인생도 마찬가지입니다.
재물의 빚
시간의 빚
마음의 빚
기한 내에 다 갚지 못한다면 감당하기 힘든 고통이 닥칩니다.

바람에 쓸려 가듯

당신을 위한 기도는 오늘도 빠짐이 없습니다.
그러니 당신은 잘 살아야 합니다.
어떻게 사는 게 잘 사는 걸까요?
잘 먹고 잘 입고 누릴 걸 다 누리면서 사는 걸까요?
쉽게 정의 내리지 못했다면
당신은 자신의 삶의 방향을 뚜렷하게 정하지 못한 것입니다.
내가 정말 살고 싶은 삶은 어떤 것인가요?

오늘은 일찍 일을 마무리하고
홀로 조용한 카페에서 차 한 잔을 마주하고
삶의 방향에 대해 생각해보세요.
당신의 삶이 구체적이지 않다면
바람에 따라 이리저리 춤을 추는
갈대와 같은 삶이 되기 쉽습니다.

과거 사람

현대인의 평균 수명이 80세 가까이 된다고 합니다.
살아가는 절대적 시간이 엄청나게 늘어난 것입니다.
상대적인 시간도 그렇습니다.
서울에서 부산까지 두 시간 반이면 갑니다.
신문이 와야 접할 수 있던 소식을
실시간으로 알 수 있는 세상이 되었습니다.

이렇게 계산하면 옛사람들이 살던 때에 비해
두 배 이상의 삶을 사는 것과 같습니다.
먹고사는 것에 매달리던 인생이
어떻게 여가를 보낼 것인지 고민하는 인생으로 바뀌었습니다.
세상이 이렇게 변했는데
생각은 여전히 과거에 머물러 있는 사람들이 있습니다.
그들은 이런 소리를 잘합니다.

내가 왕년에 어땠는 줄 알아!

이런 말, 이런 생각을 하는 분들은
자신이 지금 무슨 말을 하고 있는지 알아채야 합니다.
그 뜻은 이렇습니다.

내가 얼마나 어리석은 줄 알아!

성공한 실패

어떤 일을 하든 결과가 있습니다.
좋은 결과가 나왔다면 성공이라고 합니다.
나쁜 결과가 나오면 실패라고 합니다.

성공을 하면 그 과실은 달콤합니다.
하지만 실패를 하면 쓰라린 고통을 감내해야 합니다.
그래서 사람들은 달콤한 과실만이 보상이라고 생각합니다.

뒤집어 생각해봅니다.
쓰라린 고통도 값진 보상입니다.
두 번 다시 이 고통을 느끼고 싶지 않다면
지금의 실패를 거울삼아서
원인을 찾아내고 부족한 부분을 보완해야 합니다.

타인의 꾸지람에 마음 상해서
날 선 말들을 계속 떠올리는 대신
내가 왜 그런 말을 들어야 했는지
반성해보아야 합니다.
실패에 대한 생각의 전환이 필요합니다.
실패를 성공으로 이끄는 실천이 필요합니다.
생각의 전환이 실패를 달콤하고 풍성한 보상으로
바꾸어 놓을 것입니다.

존재의 이유

책상은 책상의 역할이 있습니다.
지팡이는 지팡이의 역할이 있습니다.

손재주가 좋은 사람은 물건을 쓰기 좋게 만듭니다.
글재주가 좋은 사람은 사람의 마음을 움직이게 합니다.
문제는 나에게 어떤 재주가 있는지 잘 알지 못하는 경우입니다.

글재주가 좋은 자신을 발견하지 못하고
남들처럼 손재주를 키우기 위해 노력한다면
책상이 스스로 만족하지 못하고
의자를 부러워하며 그렇게 되려고 노력하는 꼴입니다.

당신이 이 세상에 존재하는 목적은 무엇입니까?
이 세상에서 자신이 해야 할 역할이 무엇인지요?
지금이라도 늦지 않았습니다.
내가 무엇을 잘하는지
무엇을 좋아하는지 찾아내고
그렇게 해나가는 것이 존재의 이유입니다.

극락세계

차분한 사람이 있는가 하면
활달하게 지내는 사람이 있습니다.
사람마다 성격과 기질이 천차만별입니다.

누군가 던지는 한마디에 가슴 졸이는 사람이 있는가 하면
누가 뭐라고 해도 대수롭지 않게 여기는 사람도 있습니다.
내가 한 일을 드러내어 알리고 싶은 사람도 있고
누가 알아주지 않아도 묵묵히 할 일하는 사람도 있습니다.
이렇게 다양한 사람들이 같이 살아갑니다.

이 속에서 지혜롭게 살아가는 방법
비난을 줄이고 험담을 줄이는 것입니다.
그 대신 칭찬 한마디 격려 한마디를 더하는 것입니다.
이것이 바로 현세를 극락으로 만드는 방법이기도 합니다.

부자

모두들 돈을 갖고 싶어 합니다.
부자가 되고 싶다고 합니다.

얼마쯤 가지면 좋겠습니까?

그런데 이 질문에 구체적으로 대답하는
사람을 만나지 못했습니다.

당신에게 100억의 현금이 있다면 무엇을 하시겠습니까?

역시 마찬가지로 구체적으로 대답하는
사람을 보지 못했습니다.
모두들 막연하게만 생각합니다.
그냥 많으면 좋겠지.
돈만 있으면 다 되겠지.

이런 생각으로 살아간다면 결코 부자가 될 수 없습니다.
돈을 좀 모은다고 해도 그 돈을 쓸 줄 모릅니다.
여전히 부자가 되고 싶으신가요?
그렇다면 구체적으로 생각해보세요.
행동도 그렇게 바뀔 것입니다.
부자는 그렇게 되는 것입니다.

원인

문제가 생기면 원인을 찾기 시작합니다.
누가 그랬는지
왜 그랬는지
어떻게 그랬는지
지나간 일들을 따져보며 찾아다닙니다.

그러나 정작 나에게 문제가 있었는지
내 조직에 문제가 있었는지
내 일처리에 문제가 있었는지
되돌아보는 데는 인색합니다.

밖에서 해답을 구하는 대신
안으로 찾아보는 겁니다.

나에게서 원인을 찾아낸다면
누구를 탓할 필요도 없고
누구를 원망할 필요도 없습니다.
오히려 문제를 극복하는 길을 빨리 찾을 수 있습니다.
그리고 스스로 위로할 수 있습니다.
괜찮아!

새로운 힘으로 새롭게 시작하면 됩니다.
밖으로 찾아다니는 에너지를
이제 안으로 돌릴 때입니다.

명상

스님, 참선은 힘들지 않습니까?
스님, 명상은 어려운 것 아닙니까?
아닙니다!

참선과 명상은 누구나 할 수 있습니다.
지금 내가 숨을 쉬고 있구나.
알아차리는 것이 명상입니다.
내가 지금 생각을 하고 있구나.
알아차리는 것이 참선입니다.

그래서 참선과 명상은 누구든지 어디서나 할 수 있습니다.
시시각각 변하는 내 마음을 알아차려보세요.
어떤 일에 부딪쳐 움찔하는 내 행동을 알아차려보세요.
넌 누구냐?
의심을 가져보세요.

오십 이후

산을 오르다보면 가파른 언덕을 만나게 됩니다.
언덕에 닿으면 어떻게 잘 올라갈까 생각합니다.
정상에 다다르면 산 아래 펼쳐진 모습에 감탄합니다.

이제 내려올 때입니다.
산을 내려오는 것 또한 쉽지 않습니다.
어떻게 잘 내려와야 할지 생각해봅니다.

우리 인생도 산을 오르고 내리는 여정과 같습니다.
백세인생이라고 하니 오십을 인생의 반이라고 치면
오십 이후 어떻게 살 것인가 생각해봐야 합니다.

치열하게 가지려고만 했던 삶 대신
이제 어떻게 마감할 것인지 생각을 바꾸면
당신의 삶이 새롭게 펼쳐지는 기회가 될 것입니다.

그림자

동쪽에 해가 떠오르면 그림자는 서쪽에 머뭅니다.
남쪽에 해가 오면 그림자는 북쪽으로 자리를 옮깁니다.
해가 어디로 가는가에 따라 그림자도 따라 움직입니다.

젊은이는 젊은이다워야 하고
중년은 중년다워야 합니다.
젊은이는 패기 있게 움직여야 하고
중년은 원숙한 지혜로 행동해야 합니다.

여러분의 태양은 지금 어디쯤 머물고 있습니까?

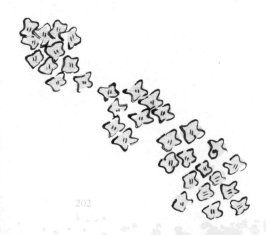

누가 속이는가

오늘도 당신을 위해 간절히 기도합니다.
누군가 당신을 속이지 않기를
그래서 화나는 일이 생기지 않기를 기도합니다.

그런데 내가 나를 속이는 경우는 없을까요?
내가 나를 속이는 일을
알아차리지 못하고 있는 건 아닐까요?

남에게 속는 것은 분해서 못 견뎌하면서
스스로에게 속은 것에는 무감각하다면
내 영혼이 피폐해진 것은 아닌지 의심해보아야 합니다.

나에게 당당한 사람
스스로 인정하고
스스로 만족하는
그런 사람이 되어야 하겠습니다.

마음의 손잡이

버스를 타기도 하고 비행기를 타기도 합니다.
평소에는 타보지 못했던 배를 타보기도 합니다.
여행 중에는 무슨 일을 해도 즐겁습니다.
하지만 때로는 예상치 못한 사고를 겪기도 합니다.

손잡이를 붙잡으세요.
안전벨트를 매십시오.
우리의 안전한 여행을 위해서 꼭 필요한 말입니다.

마음도 그렇습니다.

'갈등'과 '번뇌' 그리고 '분노'라는 사고에 대비하기 위해
마음의 손잡이가 필요합니다.
마음의 안전벨트가 필요합니다.

그 손잡이는 성인의 말씀일 수 있습니다.
그 안전벨트는 종교일 수 있습니다.

선한 욕심

오늘도 당신의 멋진 삶을 위해 기도합니다.
멋진 삶이란 신바람이 나고 의욕이 넘치고
무슨 소릴 들어도 신경 쓰지 않고 지내는 삶입니다.

우리는 스스로 마음이 내켜야 무언가를 열심히 합니다.
그래야 재미가 있습니다.
스스로 마음이 내키는 것은 어떻게 생길까요?
욕심이 있어야 합니다.
그러나 선한 욕심과 악한 욕심은 구분해야 합니다.
나도 이롭고 남도 이로운 것이 선한 욕심입니다.
자신의 행동으로 남까지 이로울 수 있다니
정말 신바람 나지 않습니까.

마음자리

'만병의 근원이 마음에 있다'라는 말이 있습니다.
요즘 말로 하면 스트레스가 만병의 근원이라고 합니다.
스트레스는 왜 생기는 걸까요?
자신의 뜻대로 안 될 경우 생깁니다.

나는 백을 가져야겠다고 생각했는데
오륙십 정도만 성취했다고 느낄 때 스트레스를 받습니다.
누가 나에게 비난을 하고 지적을 할 때도 스트레스를 받습니다.

나는 백을 가져야 하는 사람인데
나는 이런 말을 들을 사람이 아닌데
내가 맞고 너는 틀리는데
이렇게 자신을 규정하고 스스로 틀을 만들 때
스트레스가 생깁니다.

내 모습이라는 형상에 실체가 있습니까?
변하지 않고 항상 똑같은 내 모습이 있던가요?
우리는 형상 없는 마음과 싸우느라 늘 스트레스를 받습니다.

싸우는 놈
넌 누구냐!

부처가 되는 길

나를 긍정하고 나에게 만족할 수 있다면
무엇보다 행복할 것입니다.
그런데 무조건 자신을 긍정만 한다면
자칫 이기적인 사람이 될 수 있습니다.
분명 내가 잘못하는 경우도 있을 테니까요.

상대방이 내 잘못을 지적하면
나도 모르게 변명을 합니다.
변명을 하면 상대는 나를 믿지 못하게 됩니다.
그러니 실수를 알아차리면
바로 사과를 해야 합니다.

잘못이 없는데도 지적하는 경우가 있습니다.
그러면 그러지 않았다 주장하고 증명하면서
큰소리가 오가게 됩니다.
이럴 땐 한 박자 끊어줘야 합니다.

예, 알겠습니다!
조금 이따가 말씀드리면 안 될까요?
제가 이것만 처리하고 찾아가겠습니다.

그래야 평정심을 유지하면서
자신이 실수하지 않았음을
잘 설명할 수 있습니다.
좋은 말씨로 이야기하는 겁니다.
부처가 따로 있겠습니까.

세 번 말하기

나름 열심히 일하며 노력도 했는데
성과가 기대에 미치지 못할 때가 있습니다.
상사에게 지적받을 것이 두렵고
자존심이 허락하지 않을 때가 있습니다.
이럴 때는 나에게 세 번 말해주는 겁니다.

괜찮아!
괜찮아!
괜찮아!

세상이 뜻한 대로 모든 게 다 잘 된다면
뭐가 걱정이겠습니까.
괜찮다고 스스로를 위로하는 것이 긍정입니다.
오랜만에 친구라도 만나 수다도 떨고
책도 한 권 사서 읽어보세요.
재충전의 여유를 가져보는 겁니다.

기도의 원칙

기도가 이루어지기 위해서는 세 가지 원칙이 있습니다.
첫째, 진정한 참회와 반성이 있어야 합니다.
둘째, 간절한 원을 세워야 합니다.
셋째, 모든 것에 감사한 마음을 내야 합니다.

옛날 우리 어머니들은 몸을 깨끗이 하는 것으로
참회와 반성을 했습니다.
옷을 단정히 하고 정한수를 올려 간절하게 바랐습니다.
어떤 결과라도 감사히 받아들이겠다고 숙였습니다.

간절한 바람이 있습니까?
그럼 일러준 대로 해보세요.
당신의 기도는 성취될 겁니다.

관세음보살

많은 사람들이 묻습니다.
종교가 무엇입니까?
한마디로 인간의 의지처라고 말하고 싶습니다.

종교가 없다고 말하는 사람조차도
힘든 일을 겪거나 한계에 부딪치면 자신도 모르게 외칩니다.
엄마야!

엄마의 다른 이름은 하느님이고 관세음보살입니다.
종교는 이미 당신의 무의식중에 자리하고 있습니다.
그러니 부정하지 말고 받아들여보세요.
당신의 마음이 한결 가벼워질 겁니다.
이것이 종교의 역할입니다.
나무관세음보살!